御旨のなかの祈り

文鮮明先生の祈祷

光言社

はじめに

文鮮明《ムンソンミョン》先生は、祈祷について次のようなみ言《ことば》を語っておられます。

「先生が祈る祈祷の内容は実に感動的です。――いかなる人も感動し得る価値が横たわっています。それは世界を授けられても取り換えることができない……唯一の宝物だというのです」（一九八九・六・一九）

信仰の道を歩む者として、祈祷は欠かすことができません。祈りによって神様の心情を尋ね、一体となることができ、試練や困難を越えていくことのできる霊的力を得ることができます。

文鮮明先生御夫妻は、人類の真《まこと》の父母として、復帰路程のいかなる状況の中にあっても常に神様を慰労され、理想世界実現に向けて孝子の道を歩んでこられました。そうした歩みの中で交わされた天の父との涙の対話は、触れる者すべての心情と魂を揺り動かさずにはおかないものです。

本書では文鮮明先生の祈祷六十編を選び、十一のテーマに分けて紹介しています。それぞれのテーマは、私たちが信仰の道を歩む上で大切なキーワードです。本書を手にされたとき、皆様の心の求めに応じて開き、読んでいただきたいと思います。

本書により、祈りの中で結ばれた天と真の父母様の心情に触れ、貴いみ旨を力強く歩まれる皆様の一助となれば幸いです。

二〇〇八年七月

はじめに

御旨のなかの祈り　目次

第一章　理想

本然の姿となって美を表せますように

創造のお父様！　人間に対する創造目的の美を、きょうも休まず探そうとなさるお父様の切ない心を、私たちの体と心にしみ込ませ、あなたの愛のみ前に美しさをもって現れることができますように。

私たちの心が、造られたときの本然の心で現れ、私たちの体が、罪に染まらぬ創造直後の体として、その美を表せますように。

私たちの心と体が神様の愛と心情を代身し、神様が動ずれば私たちも動じ、神様が静ずれば私たちも静ずることのできる、完全無欠な本然の姿として立つことができますよう、心からお願い申し上げます。

これがお父様の、今まで復帰摂理歴史を経ながら苦労された、一つの理想であったことを知るようになりました。今私たちが探すべきものは私の心であり、成就すべきものは体でございますので、それを探し成就できるようにしてください。そうしてお父様の本性の美を代身し、敬拝を捧げることのできる一つの体として立ててくださいませ。

私たちは堕落の血統を受け継いだがゆえに、自分も知らぬ間に天を離れ、自分を重視する生活をするようになり、天倫を離れ、自分を中心として動く者となりました。

これを回復して、天倫に相対し得る本然なる心の叫びに導かれるようにしてくださり、本心の動きが私の体を刺激し、天が取り得る本然の自我を取り戻せますように。

そうして私たちが、億兆万民に対する嘆息を解怨し、天地すべての嘆息を解怨して、お父様のみ前に謙遜にひれ伏し、敬拝することができ、お父様の愛を受けられる子女として立ててくださらんことを切にお願い申し上げます。

（一九五六・六・一）

お父様の栄光を謳《うた》う姿とならしめてください

愛なるお父様！　私たちの心の園に、あなたの幸福を植えさせてください。あなたの生命を植えさせてくださり、あなたの愛を植えさせてくださり、あなたの栄光を植えさせてください。

お父様の幸福と生命と愛と栄光が、私たちの永遠なる心の基礎となり、地上の不幸のすべてを踏み越えさせてくださり、暗闇の現世を踏み越えさせてくださり、分裂と闘争の甚だしきこの現世を踏み越えさせてください。

お父様！　私たち自体がお父様のみ前に、真《まこと》の子女として立たねばならず、悪なる立場で幸福を享受したり、自分を中心として幸福を享受してはいけないことを知っております。

自分が幸福である前に、兄弟たちが幸福であるようにしてくださり、自分がうれしい前に、兄弟たちがまず喜べるようにしてください。

自己を越えて天宙的な生涯路程を歩める心をもたせてくださり、真の兄弟同士が善のみで対応し、互いに愛し合えるようにしてくださり、神様の幸福と生命と愛と栄光を占有できるようにしてくださり、異なる兄弟の因縁を中心として、離れようとしても離れられない一つの中心に立ててくださらんことを、愛するお父様、切にお願い申し上げます。

真実に人を愛する人がいるならば、本然の園は、その人を通して永遠の価値を現すことを知っておりますので、なにとぞお父様の愛の圏内で、お父様の願っておられた天の息子、娘となり、恥じることなく、お父様の栄光を謳《うた》い得るように導いてください。

お父様のみ前に、美の対象として個体的な価値を現し、どうか永遠なる勝利の子女とならせてくださらんことを、切にお願い申し上げます。

（一九五七・六・九）

お父様の心に向かって駆けてゆけますように

私たちを見捨てず、新たな愛で導かれることをお休みにならないお父様！　私たちの姿がみ旨の前にふさわしくなく、お父様のお気に召さないとしても、哀れみの心をもって接してください。

それでも険しい現世を避けて、お父様の心情の世界を訪ねてゆかんとする切なる心がございますので、この心を御覧になり、お父様の哀れみの愛を加えてくださり、お許しになり、訪ねてくださいますように。

切なる心情でお父様を探し求め、お父様の事情を憂えながら現れた者は、お父様がお見捨てにならないということを知っておりますので、私たちの心がお父様の心に向かって駆けてゆけるよう、導いてくださり、私たちの体がお父様の懐に抱かれるために駆けてゆけますように、お導きください。

悔しく悲しく無念なる罪悪史を払い退けて、踏み出すことのできる情動が、私たちの体と心に満ちあふれるようにしてくださり、私たちの体と心に衝動を与えてくださらんことを、お父様、切にお願い申し上げます。

過去の誤った自分を咎《とが》め、今日の不備なる自分を恨むうら悲しい心情が、私たちの心中から爆発して、お父様を呼ぶことができてこそ、お父様が私たちをしっかりつかんでくださるのであり、お父様が私たちを見つめられるのであり、お父様が私たちを抱いてくださることを知っております。そのような心情が募り、つたない自我を認識して、お父様のみ前に一切を捧げることのできる切なる心が私たちに現れるようにしてくださいますように。

天に向かうべき心が、混乱のさなかでさまよっており、体のとどまる場所を見いだすことのできない環境に置かれているとしても、お父様は私たちを見捨てず、恵みのみ手でお父様の懐に導いてくださることを知っておりますので、私たちを哀れんでくださり、お父様のみ前にひれ伏し、哀訴できる心をわき起こしてくださらんことを切にお願い申し上げます。

(一九五九・四・一二)

本郷の地でお父様を中心とした家庭を築かせてください

お父様！　私たちはお金が必要なのではなく、権力が必要なのではなく、この世のいかなる文化が必要なのでもございません。それよりもっと必要とし渇望しているものは神様の愛であり、父母の愛であり、夫婦の愛であり、子女の愛でございます。

慕わしき天地が喜び得る本郷の地で、天のお父様を中心とした家庭を私たちは追求しております。

お父様、そのような家庭以上に価値あるものがこの世にございますでしょうか。金銀の宝物が山のごとく多いとしても、父母の愛を中心としたその家庭の因縁、父母を中心とした兄弟の困縁、それ以上の何がございますでしょうか……。

それをお父様が探し求めてこられたことが分かりましたので、私たちがここで無限なる価値を残すため、ここで喜び、ここで誓い、歴史を創建し得る動機を連結させる人となるため、統一の役軍となったことをはっきり悟らしめてくださいませ。

永い歴史路程において悲しみの涙を流してまいりました。男性と女性の出会う環境ごとに、悲しい事情がかすんでは去りゆき、歴史の土壇場では天の嘆きをかき立てたことを知っておりますので、今日私たちは男性と女性が真の夫婦となって家庭を築き、お父様の恨《ハン》を解いて怨讐《おんしゅう》を防衛できる鉄石のごとき拠点とならしめてくださいますように。

そのような立場で私たち自身を探し求め、家庭を探し求め、氏族を探し求め、民族を探し求め、国家を探し求め、新たに自覚した世界へと私たちは駆けてゆかなければなりませんので、不足なき者となさしめてください。

（一九六八・一二・八）

本然の愛を中心とした新世界を築かせてください

愛するお父様！　恨《ハン》多きあなたの心情を探り求めてみますとき、その心には、誰も知り得ない隠れた理想的愛が燃え立っているということを私たちは知らなければなりません。

人をどうして造ったのかと尋ねてみますとき、神様が愛したくて造られたということを、今まで考えつくことができませんでした。男性として生まれたならば、真の対象たる女性を永遠の女性として愛さねばなりませんし、家庭を立てたならば、家庭を永遠なる家庭として、神様の代わりに愛さなければならないはずでございます。

愛するその基準は氏族と民族の基盤となり、その民族の基盤は自然に国家の基盤となるのであり、国家の基盤は自然に世界の基盤になるだけでなく、天宙的基盤になるはずでございます。

そのような一つの方向に一致した、不変の世界があってこそ、ひとえにお父様の本然の愛を中心とした新世界が築かれるはずでございますから……、今日堕落によって傷つけられ、堕落によって恨の圏内でもがき苦しんでいる全人類を、お父様、哀れんでください。

時代時代の個人を執り成し、家庭を執り成し、民族を執り成し、国家を執り成し、東西四方にこの世界という舞台を中心として、それぞれ背景の異なる文化圏を収拾し、統一的なる一つの宗教形態を、統一的なる一つの新しい愛の体系を、お父様の愛を中心として、成し遂げようとなさるお父様のみ旨があるゆえ、それに従い、それを望んでいくことが宗教の目的であることを、今私たちは知りました。

お父様！　このような観点において新しき時代の宗教……、お父様の深き愛の理想を解き明かし、万民の心情、事情に、もしくは希望の中に、伝授し得るその道を築かんがため、生まれたのが統一教会であることを知っています。

そのような使命が自分たちに負わされていることを知り、きょう、あす、未来に向かいゆく愛の化身として、あなたの深き心情を証《あか》し得る証し人となさしめてくださらんことを切にお願い申し上げます。

（一九七六・三・七）

第二章　祭物

罪悪の根を抜き取ってくださいませ

あなたが行けと言われる道がどんなに険しいとしても、私たちはついてきた歩みを踏み外さないとお誓いいたします。この道で被る迫害が、どんなに死の行き交うものだとしても、私たちは既に生きた供え物になると捧げた身ですから、安らかに供え物として消えさせてください。

あなたはこの死亡世界の中に、御自身の懐と絆を結べる生命の礎が築かれることを、願っておられることを知りました。私たちが必ず、その生命の礎を築いてみせます。

人類が今日まで恨《ハン》の峠と峠で、一日一日凄惨《せいさん》な涙の歴史をつづってきたことを知っておりますから、このような歴史を再び元返して、望みの基準を復帰しようという心情を抱き、私たちを訪ねてこられるお父様に取りすがり、苦楽を共にできる真の息子、娘とならしめてください。

お父様！　この場を炎のように燃える目で見極め、死亡と罪悪の苦々しい根が、私たちの心の奥底に残らないようにしてくださ い。あらゆる罪悪の根を抜き取って、お父様のみ前に帰一できるようにしてください。

数多くの民族を代身して、この民族が愛を受けなければなりませんし、数多くの氏族のために、お父様が下さった使命を私たちが果たさなければなりません。

任せてくださった責任を果たす中、最後の闘いで生き残る勇士となって、勝利の凱歌《がいか》をお父様のみ前に歌ってさしあげ、最後の栄光のみ座に入れる群れとならなければなりませんから、お父様が直接同行して主管してくださり、仰せになり、統率してくださいますようにお願い申し上げます。

（一九六八・三・三一）

聖霊の炎で燃やし聖別してくださいませ

お父様、この場にひれ伏したあなたの息子、娘を見捨て給《たま》わず、身も心もすべてお父様に捧げることをためらわぬ息子、娘とならしめてください。

お父様から見れば不足で不忠な点、意にかなわぬ点がたくさんございますが、お父様が私たちを求めるために苦労してこられた歴史的な心情をたどって、私たちの身も心もすべて捧げますから、足らない部分を聖霊の炎で燃やし聖別なさいまして、お父様が取るにかなった私たちとなり、心身すべてを一つにまとめて捧げさせてくださいますよう切にお願い申し上げます。

お父様、あなたの息子、娘たちがこの場まで従ってきた険しい足跡は、お父様の涙の跡を代身した歩みでございました。私たちが心で覚悟したことと、体を動かし行動することをお察しになって、私たちをあなたの深い愛の心情で直接に抱いてくださり、サタンの讒訴《ざんそ》条件に引っ掛かる生命が一つもないようにしてくださいませ。

私たちを立ててこの民族の前に、新しいみ言《ことば》を伝えんとなさるみ旨を私たちは知っておりますが、私たちの不忠と足らなさによって、お父様の願われる使命と責任を果たせず、お父様を悲しませるのではないかという焦燥《しょうそう》に駆られております。

お父様のみ旨に臨んできた今までの足らなき事実の数々をお祭しくださり、それを補い得るお父様の生命の力と愛の力を及ぼしてくださいまして、いかなる使命や責任でも果たし抜ける、直接的な恵みを私たちにお与えくださらんことを、お父様、切にお願い申し上げます。

私たちの行く路程にはその道を遮らんと億万のサタンが蠢動《しゅんどう》しようとしておりますから、それに備えた私たちの心身の決意に欠けたところがなく、私たちがお父様の前に生命の祭物となり、最後まで耐え忍んでサタンとの闘いに敗れることがございませんよう、お父様、導いてくださいませ。

（一九五八・一〇・一二）

み旨の前に水となり火となり、油となることができますように

「私は天が残されし善の園に向かいゆく者であり、天が残されし使命のために闘う天の勇士である」と言わせてくださいませ。お父様の探し求める姿が自らであることを知り、探し出されるために努力していることを、お父様の前に明示できる各自とならせてください。そして自ら覚悟し、自ら聖別できる姿となることができますように。

お父様、乱れた心を収拾して、本郷を慕うことのできる再創造のみ手が及ぶようにしてくださり、お父様の祝福を相続する前に、まずはお父様の悲しみを相続して悲しみの主人公となり、お父様

の前に壮語して、勇み立とうという覚悟と決心のできる姿となれますよう切にお願い申し上げます。

今日、統一の理念を備えさせ、人に否定されるこの立場に私たちを追い立てられたお父様……、自分が願いもしない所へ歩みを促すように追い立てられたお父様……、善なるみ業を始められた方もお父様であり、善なるみ業を成就される方もお父様であることを知っております。

お父様のみ旨と通じることなくしては、召命なさりお集めになったみ旨は成就できないということを知っておりますから、そのみ旨の前に水となり、火となり、油となって、きょうもあすもみ旨の前に謙遜な祭物となることができますように。

自分自身の一切のものを祭物として捧げることのできる心情が、各自と各自の心と心を通して天心まで届くようにしてくださいますようお願い申し上げます。

今、私たちの心がお父様に向かって無限に馳《は》せるようにしてくださり、お父様が恋しくてすがりたい思いと、幼子のような心情を備えてお父様を無限に敬慕できる姿となり、罪悪に染まった一切の主義や一切の観念、一切の意識が、私たちから離れ去るようにしてください。

不義と悪に対しては、激怒してこらえ切れない公憤の心情をもち、立てられた天の精兵として屈せずに闘える姿とならしめてくださらんことを、切にお願い申し上げます。

（一九五九・四・一二）

すべてをゆだねても無限に喜ぶ心をもたせてください

お父様が「来たれ」と言われる道に勇み立った私たち、その道が喜びの道であると思っていたところ、行ってみれば限りなく涙を注ぎゆく道であることが分かりましたし、人知れず天と地を代身して怨恨の心情を抱かねばならない、もの悲しくて寂しい憂いの多い道であることが分かりました。その道は生きんとする者は行けない道であり、死なんとする者だけが残る道であるということを体恤《たいじゅつ》せざるを得ません。

すべてを捧げたとしても喜ぶことのできる一つの姿を、お父様は慕い求めておられるにもかかわらず、失うものを見て悲しむ私たちとなっていることをお許しください。そしてすべてをゆだねても無限に喜ぶことのできる心をもたせてくださいますように。

そのような心を所有した者はお父様の全体を所有する者であり、そのように天に対する切なる心情を抱きゆく者は、間違いなく天地で勝利することを知っております。

お父様、私たちの生活環境からすべてを奪い去るのは、お父様が見て喜ばれるためではなく、お父様のすべてを私たちに受け継がせんがための摂理的意義があったからであることが分かりました。

そのような事情をもって私たちを訪ねなければならず、召命しなければならず、「来たれ」と言わなければならないお父様の心情を知ったのでございます。

いまだに自己を中心とした意識や感触が残っているとするならば、今それをすっかりお父様のみ前に差し出させてくださいませ。そうして天地に存在するすべての万象を見つめ、お父様の前に無限に感謝を捧げ得る思いだけを、私たちの心身に満たしてくださらんことを切にお願い申し上げます。

（一九五九・五・一七）

心を込めて供えるべき「私」とならしめてください

この世が反対し、この世が理解できない環境的基準を打破するために、私たちは多くの涙の峠を越えてまいりました。もの悲しく恨めしい思いで、復帰の路程を歩んだあのころのことは、過去のこととしてすべて流れ去りました。

しかし、私たち自体はお父様の愛の実体として、そんな結実体として残らなければなりません。流れ去る歴史とともに、この世の反対を受けて倒れて消え去るような群れとなってはならないことを、私たちははっきりと悟らなければなりません。

今日の「私」は、私のための「私」ではないことを改めて悟らなければなりません。私は歴史を担うべき私であり、世界史を開拓すべき私であり、天情の絆に責任をもって証《あか》しを立てるべき私であると思う次第でございます。

足らなき姿でございますが、お父様、あなたに捧げる礼物として心を込めて供えるべき「私」であることを悟る、あなたの息子となり、娘とならなければなりません。訪ねこられるお父様の歩みの前に、落胆の条件と悲しみの条件を加えるようなあなたの子女にはならせないでください。

お父様は、希望と生命の絆を与えてお父様がお喜びになれる子女、お父様の栄光をたたえ、必ず後代に無限なる恵みを受け継がせてあげようと、全世界の前に忠誠を尽くす息子、そんな娘を、その心でいかばかり待ち焦がれておられることでしょうか。そのことを感じ取れる私たちにならなければなりません。

真《まこと》は永遠を立証するものであり、真は永遠とともにあるものであり、真は永遠なるお父様のすべてを相続するものであることを知っております。それがゆえにお父様は今まで「真の人になれ」と言われました。

真の五官を通して感じる感情全体が、お父様の前に捧げることのできる真の祭物とならなければなりません。過去の日もそうであったし、現実もそうであるし、未来もそのように捧げることのできる道を私たちはたどっていかなければなりません。

自分の悲しみがあってもお父様の悲しみがあることに気づき、自分の悲しみを秘めつつ面目なさを感じ得る子女となることができますように。

（一九七〇・六・七）

苦労できないことが悲しみと感じることができますように

お父様、私たち自体の身も心もそっくりそのままお父様の前に捧げ、祭物の実体とならせてください。

私たちは今まで受難の道を克服してまいりました。そんな私たちの前に倍加された受難の路程が横たわっているとしても、私たちは再び精誠を供えて、お父様の前に誓って歩まなければならない身でございます。

私たちがこの道に責任を負わないならば、誰も責任を負える者はいないということを知っておりますから、目前に仕切られてゆく試練の舞台に向かうため、忘却状態の私たち自身をもう一度収拾してくださり、決意した実体としてもう一度顕現させてくださいまして、あなたが御覧になるときに誇ることができ、信じることのできる息子、娘とならしめてください。

寂しい天の道を死守して、天の道に従いゆく者たちであり、寂しくならざるを得ない共同的な運命をもっておりますから、あなたが必ず共にあってくださることを私は知っております。それゆえに、私たちはもっと苦労できないのが悲しみであり、もっと受難の道に立ち得ないことが申し訳ないと、感じるべき群れであることを思うものでございます。

あなたを背負って倒れ、あなたに仕えて倒れなければならないのが私たちの生活であることをはっきりと悟り、勝利のひと日を見つめ、千秋の栄光をあなたに代わって私たちが力いっぱい、精いっぱい、のどが張り裂けるほどたたえ、勝利の凱歌《がいか》を歌えるようにしてください！

その日のために、そのひとときのために、千年の歳月を投入し、一生を投入できる偉大なるあなたの息子、娘たちとならしめてくださらんことを切にお願い申し上げます。

（一九七一・九・五）

第三章　心情

痛ましいお父様の心を悟ることができますように

全宇宙を善の理念の中で復帰して立てなければならない、摂理的なみ旨が残っていることを思いますとき、私たちは幾たび死すとも、そのみ旨を成す肥料となりまして、少しでもお父様のお役に立てるようにしてくださいませ。

今、私たちのあらん限りの心、あらん限りの精誠をすべて傾け、み旨のために闘わせてくださり、この被造万物をお造りになった創造主が、まさしくあなたであり、私たちのために限りなく苦労された方もあなたであることを、分からせてくださいますように。

お父様の心情が分からない人は、お父様の生命が分からない人であり、お父様の心情が体恤《たいじゅつ》できない人は、お父様の事情が分からない人であることを分からせてくださり、この時にもお父様は、お父様の心と同伴できない私たちを見つめ、痛ましく思っておられるということを悟らせてくださいませ。

そうして私たちの心を、完全にお父様のみ旨と一つとならしめてくださいまして、お父様の友のごとく生きられますよう導いてくださり、お父様が働き得る私たちとなって生活できますよう導いてくださいますよう、切にお願い申し上げます。

お造りになった人間もそのまま残っておりますし、お造りになった万物もそのまま残っておりますが、お父様の臨在できる実体の人間が見つからずにいることが、お父様の切なさとなっているということを私たちに悟らしめてください。

愛するお父様！　今や私たちに臨在なさいまして、そのような私たちとなれますよう、私たちの身も心も聖別してくださいませ。そうしてお父様と共に楽しむことができ、お父様と共に創造の理念を成しゆく、新時代の先駆者たちとなれますよう導いてくださらんことを切にお願い申し上げます。

（一九五八・三・一六）

悲しみを増し加える立場に立ちませんように

お父様！　お父様が本然の園を失い、悲しまれたその心情を、このひと時私たちに悟らせてください。

お父様は私たちが知り得ぬ中で涙を流し、限りない悲しみと限りない苦痛の中におられたということを、心身共に感じさせてくださいますようお願い申し上げます。

アダムとエバの堕落によるお父様の悲しみも大きいものでありますが、復帰摂理のみ旨に責任をもって地上に来られたイエス・キリストが、自らのすべての使命を完遂できずに十字架で亡くなったことも、お父様の言い尽くし得ぬ大きな悲しみであり、寂しさであり、苦痛であったということを、このひと時私たちが悟り、そのあらゆるわびしい心情を心身共に体恤《たいじゅつ》させてくださいますように。

私たちの先祖がお父様を裏切ったがゆえに、痛憤するしかない悲しい歴史路程を経てきたことを考えるとき、今日の私たち一人一人の身が、お父様のみ前に、悲しみをさらに増し加える哀れな立場には立ちませんように……。

アダムとエバの悲しみに対することができ、イエス・キリストの悲しみに対することのできる姿とならせてください。

今、私たちの体と心を、単なる私たちの体と心だけに終わらせないでくださり、私たちの心が「お父様の心」を代身し、私たちの体が「お父様の形状」を代身できるようにしてください。そして私たちが悲しい心情をもっておられるお父様を証《あか》すことができるようにしてください。

（一九五九・二・八）

お父様の衝動を私たちの心に現してください

お父様！　この地上に悲しいことが起こるたびに、天も悲しみ、私たちの先祖たちも悲しみ、万物も悲しみました。この悲しみが除去される解放のひと日を願いつつも、行くべき道が分からず、何かを求めつつも悟れないまま彷徨《ほうこう》し、もだえながら六千年という永い歳月を経てきました。

今このすべてを知り、本然の父母様を求めて立ち上がった私たち、悲しい涙の代わりに喜びの涙を流し、悲しみを取り去って喜びだけの残るひと日が、いち早く来ることを身も心も望んでおります。

今や私たちは行くべき所はどこかということが分かりましたし、私たちがどこに所属しているのかも分かりましたし、本然の子女の価値も分かりました。

お父様！　今復帰の稜線《りょうせん》に向かって駆けゆく私たち、傷ついた足を引きずってアダムとエバが望んでいた、その頂上に向かって進みゆく私たち……、今最後の力を振り絞ってこの線が乗り越えられますよう、お父様の衝動を私たちの体と心に現してくださらんことを切にお願い申し上げます。

お父様がおっしゃりたいことがあるとするならば、お父様がうれしいのではなく、限りなく悲しかったという事実、お父様が限りなく困難であったという事実、お父様が限りなく苦痛であったという事実であることを知っております。

このことを私たちが心で悟って体恤《たいじゅつ》し、お父様の本然の心情を代身できるようにしてくださいますことを、心よりお願い申し上げます。

（一九五九・二・一五）

失った本然の心情を呼び起こすことができますように

人間において最も大きな悲しみは、お父様の愛と絆が結べなかったことであり、お父様の心情に通じる本然の良心を失ってしまったことであり、その心情と良心の和す体と心の和合できる立場に、立ち得なかったことであるということを、よく知っております。

堕落したゆえに、お父様の心情に通じる感覚が私たちから消え去り、お父様の心情を体恤して万象を愛することのできる心が私たちからなくなりましたから、その心情を回復できるよう導いてください。私たちの体と心が一つになり、私たちのものがお父様のものとなるようにしてください。

私たちが失ったものはみ言《ことば》であり、その次は実体であり、その次は心情であることを知っておりますから、お父様、み言を通して失った私たちの本然の心情を呼び起こしてくださいませ。

本然のみ言に頭を下げることのできる心になり、本然のみ言に耳を傾けることのできる体になりまして、お父様の栄光の懐に抱かれることのできる恵みを賜わりますよう、お願い申し上げます。

お父様は「アルパでありオメガである」と言われ、「最初の者にして最後の者である」と言われ、「初めであり終わりである」と言われましたが、最初に本然の心情を失ったのが人間であるゆえに、最後になっても天的な心情に通じないのでございます。

今や終わりの日には本然の心情を抱き、心情を連結しなければならないにもかかわらず、堕落の怨恨のどん底であえぎ苦しんでいる私たちをお許しくださいますように。

私たちの心は私たちのものではなく、あなたのものであることを分からせてくださり、私たちの体は私たちのものではなく、あなたのものであることを分からせてくださいまして、私たちの心情……、このすべてが私たちに属さずにお父様に属して動くという事実を、実体的かつ実証的に体恤《たいじゅつ》させてくださいますよう切にお願い申し上げます。

（一九五九・六・一四）

苦痛の道を栄光の道へと改めてゆかねばなりません

天の背後の事情を知ってみますと、恵みを授けたくても授けられない、複雑な事情があるということが分かりましたし、恨めしい六千年の悲しみの歴史を蕩減《とうげん》復帰しなければならないという、とてつもない事実を私たちは知りました。

ですからこれからは、「知って嘆く者」とならぬようにしてくださり、「行えないことを嘆く者」とならせてください。お父様、私たちを天情に徹し、人類愛の心情を抱いてもがき得る者たちとならせてください。

山河を見つめるときも、お父様の心情を抱いて涙で見つめることができ、民族を見つめるときもそのようにでき、人類を見つめるときもまたそのようにできる私たちとならなければなりません。

私たちはお父様の願われる個体となり、お父様の願われる家庭を築き、その家庭を中心として、お父様の願われる理想世界を建設しなければなりません。

建設すべき範囲が大きければ大きいほど、もっと多くの血の涙を流さなければならないということが分かりました。個人を復帰するためにも、家庭を復帰するためにも、民族を復帰するためにも、涙を流さなければならないということが分かりました。

この道は人間的に見るときは無念やるかたない道であり、悔しい道であり、苦痛な道ではございますが、あなたが歩んでこられた道であるゆえに、これを喜びの道、感謝の道、栄光の道へと改めていかなければならない路程であるということが分かりました。

生命の果てるまで、お父様にお仕えすることにすべてを消耗させることを誇りとし、あなたと共に最後までこの道を駆けゆける私たちとならしめてください。

そのような立場で、涙をもってお父様の栄光を謳歌《おうか》できる私たちとなることを、いま一度決心させてくださいますよう切にお願い申し上げます。

（一九六一・二・一二）

お父様の心に呼応する姿とならしめてください

愛するお父様！　私たちの心は千態万状でありますが、私たちの生活の中にお父様の性稟《せいひん》が現れるようになさり、お父様が動ずれば私たちも動ずることができ、お父様が静ずれば私たちも静ずることのできる、義の実体とならしめてください。

か弱き私たちがお父様のみ前にひざまずき、天に向かっていることをお父様は御存じですから、たとえ私たちの体が俗的なところに捕らわれ、永遠なるお父様のみ恵みを遮っているとしても、私たちの体が俗的なすべてを屈服させ、あなたの形状を私たちの心身を通して現せるようにしてくださり、またそのような摂理のみ旨と、摂理の恵みと、摂理の愛が、私たちに連なっていることを心で感じ、体で感知できますようお父様、役事してください。

私たちの心は、きょうも絶対的な善に向かって馳《は》せておりますが、体は俗的なものを得ようと、心に対し絶え間なく反撃を加えているということを感じるものでございます。ですからお父様、私たちの心と体をお父様のみ旨を中心として一つとならしめてください。そうしてお父様と私たちとの心情の隙間を打開なさり、サタンが働く土台を私たちの体と心から完全に除いてくださらんことをお父様、切にお願い申し上げます。

天は今日まで、私たちの心を中心とした体を抱き締め、愛そうとなさいましたが、今まで私たちはお父様の性相と形状の前に、完全な美の対象体として現れることができずにいました。これが歴史的な悲しみであり、嘆きであることを私たちは知っております。

お父様のみ前にひざまずくしかない体と心であり、罪悪に染まった体と心であり、お父様の満ちあふる恵みを望む足りない立場の体と心でありますから、今、体と心全体を、お父様が支えてください。そうしてお父様の前に喜びを帰し、お父様の心に呼応する姿として現れることができますように。

お父様の心を私たちの心として、お父様の心情を私たちの心情として体恤《たいじゅつ》できる私たちとならしめてくださらんことを、愛するお父様、切にお願い申し上げます。

（一九五八・三・九）

万物と天宙のために嘆く者とならしめてください

お父様、私たちが困苦な立場に置かれているとしても、眠れることの民族を代身して立ったからには、それがお父様の喜びとなり栄光となるべきことを知っておりますし、私たちの悲しみや、私たちの失望や、私たちの嘆きが、私を中心とするのではなく、万物と天宙のためであるとするならば、それ以上の栄光はないことを知っております。

天のために憂えることができ、地のために憂えることのできる心だけが、私たちに満ちあふれるように役事してくださり、自分から進んで、天から任せられた使命を感じずにはいられないようにしてくださらんことを、切にお願い申し上げます。

今、私たち自体が、天上のみ旨に向かって立っているということをはっきりと悟らせてくださり、私たちが動ずるのも天を代身して動ずるという、自覚をもたせてくださり、民族を代身してサタンと対抗して闘い、あなたに任せられた責任を完遂させてくださいまして、あなたの許された祝福を、民族を代身して受け、十分にこたえることのできる息子、娘となれるように導いてくださいますよう愛するお父様、切にお願い申し上げます。

そうして眠れるこの民族を目覚めさせてくださり、暗闇にのみ込まれていく全世界人類を救うため、お父様の前に哀訴できる息子、娘となれますようお導きください。

理想天国に向かう十字架の峠を越えさせてください。私たちの命をお父様の前に差し出して民族を代身し、人類を代身した責任者として立つことのできる、神様の願われる私たちとなれますようお導きくださらんことを心よりお願い申し上げます。

（一九五七・八・四）

第四章　イエス様の心情

天的責任を担う立場に立たせてください

お父様！　二千年前に孤独に生まれて去っていったイエス様の事情が、いかなるものであったか、私たちに探らせてください。

イエス様はこの地上の人間を救うために、自らのすべてを祭物として捧げ、たとえ倒れることがあっても案ずる心を抱き、あのむごい困難も甘受し、孤独な場にも喜んで行かれました。そんなイエス様の孤独な姿に、同情する私たちとならしめてください。

イエス様は個人の目的を成し遂げるために闘われたのではなく、罪人である多くの民を救うと同時に、死亡圏内にあるこの世界を、天の世界、すなわち光明の世界へと導き出さんという、天的使命を負って闘われたということを私たちは知っております。

その当時、イエス様のすべての生活環境は、どれ一つとして喜び得るものがございませんでした。行く先々で迫害があり、行く先々で無念なことが立ちはだかっておりましたが、イエス様は嘆きませんでした。落胆する立場に置かれても、決して落胆はしませんでした。希望の世界のため、未来の天国のため、お父様の経《けい》綸《りん》を見つめて耐えてこられたそのみ旨を、私たちは知っております。

たとえ二千年という歴史的な隔たりはあろうとも、心情的には二千年前のイエス様の心情と通じることができ、天の責任を担った立場でお父様に対し得る息子、娘とならなければなりません。

そうして、お父様の寂しい心情を胸に抱いて、この地上の人類の代わりにお父様を慰労してさしあげ、この民族とこの世界人類の前に訴え、彼らをお父様と結ぶことのできる息子、娘とならせてくださいますよう切にお願い申し上げます。

（一九六〇・六・一二）

歴史的な悲痛を知るものとならしめてください

お父様！　天を抱き地に対する救援摂理のみ旨を抱いて、三十余年の生涯を生きられたイエス様が、自らを救い主として対してくれる人を一人として得ることができず、救い主として侍《はべ》ってくれる家庭を一つとして得ることができず、救い主として追従する民族を一つとして率いることができないまま、恨めしい運命の日を迎えなければならなかった歴史的な悲痛の日が回想されます。

願わざる時に十字架の道を行かなければならず、時ならぬ時に使命を終えなければならないイエス様であったがゆえに、語るべきこともすべて語れず、心情に固めた悲壮なる覚悟と決心の行使もできないまま恨《ハン》を残し、また抱いて亡くなりましたが、その心情を知りたる者はどこにおりますでしょうか。

怨讐《おんしゅう》に引かれゆくイエス様の悲しみも知らずに、怨讐の手中で戯れている死亡圏内の民族を見つめ、「アバ父よ、彼らの罪をお赦《ゆる》しください」と、祈らなければならなかったイエス様の心情を、私たちがたどって感じられますようお父様、切にお願い申し上げます。

十字架といえば、私たちは名前だけ知っておりました。イエス様の行かれたゴルゴタの山頂がイエス様にとっては地獄であり、死の現場であったことを私たちは知ることができませんでした。

これから私たちが十字架について考えるとき、イエス様の体が引き裂かれる痛みより、四千年間たまってきた神様の恨の心情が引き裂かれるうら悲しさのほうが、どんなに大きなものであったかを分からせてください。

イエス様が十字架で肉を裂かれ血を流したことが悲痛なのではなく、心情を絞めつけられなければならなかったことが、もっと悲痛なことであったと分かり得る私たちとならしめてください。

泣いて、泣いて、また泣いたとしても恨の解けない悲しみのひと日を記憶し、イエス様の死に対して果てしなく痛哭《つうこく》できる私たちとならせてくださいますように。

（一九五九・六・二）

イエス様の心情の友となることができますように

お父様！　四千年間苦労して導いてこられたイスラエルの終末を見つめながら、その民族に対して祝いの言葉を語れず、嘆息の言葉をもらさねばならなかったイエス・キリストの心情が、どれほどもどかしく、恨めしく、悲しく、どれほど苦しかったことでしょうか。

お父様、死亡線上で身もだえしている数多くの民を見つめるイエス様の心中は……、勧告しても聞かず諭しても悟れない、無知な群れに対するとき、天のもどかしさを骨身にしみるほど感じたことを知っております。

そのもどかしさが募れば募るほど、地に対して恨みたい思いも、共に高まっていったことを私たちは知っております。それを抑えて耐え忍ばれたキリストの心情を知る人は、地上に誰もおりませんでした。

心情の世界は、歴史的な隔たりを超越するという事実を、私たちは知りました。ですから今、心情の根本に尋ね入り、キリストの聖なる姿を抱き締め、イエス様の事情が通じる心情の友となって、イエス様の代わりにゲッセマネの園で祈ることができ、イエス様の代わりにカルバリ山頂に向かって駆けてゆける、そんなあなたの息子、娘とならしめてくださいますように。

ぼろをまといながらもみ旨を気遣い、むち打たれながらも、あなたのことを気遣う息子、娘とならしめてください。これがお父様の願いであり、このような姿を立ててこの民族の前に誇ろうとなさるのが、お父様のみ意《こころ》であることを知っております。

今や、そのような姿を探して立たせるための使命を果たす時がまいりましたから、その使命の前に卑屈にならないようにしてくださり、この使命の前にためらわないようにしてください。

私たちにあるすべての情熱と誠を尽くしてあなたの前に実績を残し、あなたの心情に記憶され得る息子、娘とならせてくださらんことを切にお願い申し上げます。

（一九六〇・七・一七）

お父様の心を私たちの心としてください

お父様！　誰も分からなかった摂理のみ旨であることを、私たちがいま一度心の奥深くで回想してみますとき、私たちの先祖が堕落して以来、六千年という永い歴史を経てはまいりましたが、人間はお父様のその心中に通じることができずにいたという事実を私たちは知っております。

今日、私たちがお父様の望みの圏内に立って、お父様の心情の圏内に立って、「お父様！　私がおりますから心の慰めとしてください」と言うことができ、尊きお父様のみ前に褒められることのできる息子、娘の節義と気概をもち得たかを考えてみますとき、私たちはあまりにも遠い距離に置かれていることを認めざるを得ません。

お父様のその心情を代身し得る、望みの実体として来られたイエス・キリストが、地上に再び現れますときに、天倫の心情を求めてさまよう者は、そのイエス様の心情に通じなければならないはずでございます。そして天倫の事情に通じてさまよう選ばれしイスラエルにおきましては、彼らの事情がイエス様の事情と一つとなるべきことも私たちは知っております。

今、私たちの行く歩みに十字架の道が残っておりますし、潤んだ視線をもって罪悪の世と闘わねばならない時であり、お父様の心情に通じるべき時となったがゆえに、私たちを召命なさったと思うのでございます。

それゆえ、お父様の心を「私たちの心」として、お父様の事情を「私たちの事情」として、お父様の願いを「私たちの願い」として、お父様の怨讐《おんしゅう》を「私たちの怨讐」として、お父様の戦いを「私たちの戦い」といたしまして、お父様の願いを成就できる「勝利の祭物」として捧げられる息子、娘たちとならしめてくださいますよう切にお願い申し上げます。

（一九五九・二・一）

第五章　悔い改め

み前に顔向けのできない自分を自覚させてください

数多くの人間がお父様の懐を離れ、今まで親不孝を続けており、今日もその環境から脱し得ぬまま、死亡の谷間で呻吟《しんぎん》している姿を毎日のように見て、悲しみを覚える環境に私たちが置かれているることを思うとき、お父様のみ前に顔向けができず、何も言えない自分であることを自覚させてください。

お父様！　あなたは数多くの人類を抱き、御自身の子女だと命名できる喜びのひと日を目指しつつ、今まで摂理してこられましたが、今日この地上にはあなたの愛に応対できる子女たちが限りなく少なく、あなたの前に忠誠を尽くし、あなたの復帰摂理全体を相続する者がおりません。このようなことを考えますとき、今日もお父様の悲しい路程が、私たちの前に残っていることを悟らされるものでございます。

悪なる凄惨《せいさん》な世の中を、荒廃したこの地上から、お父様の摂理のみ旨を新しい方向へと経由させながら、お父様のみ意《こころ》の世界へと、必ず導き出すことがお父様の望みであり、地上に住む全人類の望みであることを知っております。

お父様とこの地上の全人類が一つとなり得る基準を模索せずしては、この全体のみ旨と使命を完結できないということも分かっております。

お父様が今日私たちを前に立て、この民族の前に新しい宗教の道を開拓させ、世界路程の前に新しい歴史的な場面を提示し、人生の過去と現在と未来を連結させせんがため、このひと時において世界的なすべての蕩滅《とうげん》条件を立てようとなさるあなたの労苦と心労の前に、体をかがめ、心苦しさを覚え得る私たちとならせてくださいますようお願い申し上げます。

（一九六五・一〇・一七）

お父様のみ旨から外れませんように

私たちはお父様に捧げる何ものももってまいりませんでした。お父様の憂慮の対象としてまいりましたから、哀れみのお父様、全能なるお父様、愛なるお父様……、私たちを現在の私たちのまま置き去りにしないでください。

数億万のサタンが私たちを包囲し、私たちの生命をねらっておりますからお父様、私たちを守ってください。今日、私たちがお父様の深い愛の中に浸って、お父様の栄光を心から謳歌《おうか》できるようにしてください。

私たちの生活の中に許されない行動が残っておりますし、お父様のみ旨の前に出られない要素がたくさんあるだろうと思いますから、哀れみのお父様、全能なるお父様、勝利の権限をもって現れ、再創造のみ手を差し伸べてくださいますように。

お父様のみ前にすべてを託しますので、生きた祭物として受け入れてくださり、一つの生命でもお父様のみ旨から外れぬよう御指導ください。

サタンの攻撃を受けても屈せず、お父様を「我が父！」と呼ぶことのできる真の息子、娘とならしめてくださいますように。

今この時も、困難な闘いをしている孤独な息子、娘たちがいますので、お父様の再創造の能力を表し、お父様の息子、娘であることを証《あか》しさせてくださいますように切にお願い申し上げます。

（一九五七・九・一五）

本然の愛をもって私たちを訪ねてください

お父様！　あなたの愛が各自の心に宿るようにしてくださり、愛で永遠なる真の人間の姿が天地間に現れるようにしてください。全万象はそのような存在を中心として動くことを待ち望んでいるという事実を、私たちは知っております。またお父様がその真なる人間と一つとなって、きらびやかな文化の世界、栄光の世界を創建なさることも知っております。

しかし、お父様の愛が宿れなくなったことが恨《ハン》であり、その愛を私たちが求めても出会えないことが、また恨であることが分かりました。堕落の末裔《まつえい》として生まれたがゆえに、お父様の真なる愛の絆を求めても、求められない悲しみを抱いて、歴史路程を歩んできた私たちでございますから、本然の愛の心をもって私たちを訪ねてくださり、あなたのその心情の前にひれ伏すことのできる子女とならせてください。

人類が数千年の間、お父様に対する反逆者の子孫として生まれ、またお父様の心情に反逆する群れとして生きてきたことをお許しください。そのような姿でお父様のみ前にひれ伏しましたから、哀れみと愛で私たちを支えてくださり、慈悲のみ手でねぎらってくださいますように。

過ぎし日の足らざることと、過ぎし日の不忠なることと、過ぎし日の親不孝なることを一つ一つお父様のみ前に告げ、悔い改める私たちとならしめてください。

堕落してお父様を失い、お父様との永遠なる絆が切れてしまいましたから、それが私たちの悲しみでございます。今日この場に私たちがひれ伏しましたのは、失ったお父様を再び捜し求め、絶ち切れたお父様との絆を再び結び直すためでございます。

これはお父様の愛でなければいけないことを知っておりますから、お父様の愛によって復活のみ恵みを私たちに賜わりくださいい。直接的な愛の絆で私たちを束ねてくださいまして、一つの統一された祭壇としてお父様のみ前に捧げさせてくださいますようお願い申し上げます。

（一九六八・三・三一）

親不孝なる立場を悟ることができますように

お父様、おそれ多い限りでございます。知ってみると、この道は歩むにはとてつもない道であり、感じれば感じるほどに胸をかきむしっても終わることのない悲しき道であることが分かりました。

一日でもなく幾年でもない六千年という果てしなく永い歳月を、私たちを探し求めてこられたお父様……。私たちがお父様をどれほど狂わんばかりの立場に置き去りにし、お父様をどれほど悔しい立場にとどまらせ、また私たちがどれほど親不孝の立場にとどまっていたかを悟らしめてください。

ここに訪ねてきた私たちの望みは何でございましょうか。ただお父様の愛が慕わしく、お父様の情が慕わしく、お父様との絆が慕わしくてまいりましたから、お父様、お父様の涙があるとするならば私たちにもその涙を分けてくださり、お父様の苦痛があるとするならば私たちにもその苦痛を分けてください。

喜びの歴史を求めてさまよう王子となるのではなく、悲しみと苦痛の歴史を代わりに責任をもって蕩減《とうげん》する王子とならなければならないことを、私たちに分からせてくださいますように。

このような立場で勝利した息子、娘、天地の前に誇り得る息子、娘を待ち望んでおられることを、私たちは知りました。また、神様が六千年間苦労されたのは、愛する息子や娘たちを立てるという目的のためであったことが分かりました。

今日、私たちに任せられた責任を全うし、任せられた義務を果たす私たちとならしめてくださり、孝子の中の孝子、孝女の中の孝女、忠臣の中の忠臣となる息子、娘とならしめてくださらんことを切にお願い申し上げます。

そうして歴史的なお父様が、私のお父様となり、時代的なお父様が、私のお父様となり、未来的なお父様が、私のお父様となられて、宇宙全体を動員して歓喜の歌を歌う喜びのひと日が訪れるまで、お父様、抱いてくださり、保護してくださらんことを切にお願い申し上げます。

（一九五九・一〇・一一）

お父様の苦労を忘れさせないでください

行くべき途上にはいまだに血の峠が幾つも残っており、遠くつらい険山峻嶺《しゅんれい》が横たわっていることを知っております。しかし、この道は私たちだけが行く道ではございません。お父様が私たちよりも先駆けて数十回、数千回、数万回と行かれた道でございます。

今、この困難な道をお父様が切り開くのではなく、私たちが切り開いていかなければならないという事実も知りました。険しい道を来るために御苦労なさったお父様のために、私たちが最後の一歩を踏み出せるようにしてください。

行く途中で倒れるようなことがあろうとも、お父様の歩まれたその足跡を踏み、お父様の残された血の跡に倣いながら行けるようにしてください。

引き裂かれ傷を負ったこの身を、お父様のみ前に生きた供え物として捧げるとき、お父様が全天下に子女の名分を立ててくださり、祝福してくださることが分かりましたので、そこに行き着くまで疲れ果ててないようにしてくださいませ。

疲れ果てるたびに、お父様は私たちを傍らで支えてくださり、落胆し孤独な思いになるたびに、天は私たちを駆り立ててくださり、私たちが苦労する前に、既にお父様が数百回も数千回も私たちのために苦労してこられたという事実を忘れさせないでください。

この道を休む間もなく開拓してこられたお父様でございました。休みなく反対してくるサタンがいるがゆえに、この道を開拓するため、休む間もなく苦労の役事をしてこられ、私たち個人個人の生命のため、疲れも知らず闘ってこられたお父様であることを知り、おそれ多い気持ちでお父様にすがりたい思いが、胸にしみ入るようにしてください。

やるせない思いが胸にしみ入り、気も狂わんばかりにお父様を呼び求める切ない心情が、私たち一人一人の心に爆発するようにしてくださいますように。

そのような者をお父様は慰めてくださり、そのような者を導いて、天的な偉業を約束してくださることを知っておりますから、その立場を確定するまで最後まで耐え、勝利の栄光と勝利の凱歌《がいか》を全宇宙の前に高らかに奏することのできる、息子、娘とならしめてくださらんことを切にお願い申し上げます。

（一九六〇・一〇・二）

第六章　分別

弱き肉身を砕き得る力を与えてください

お父様！　すべてをお父様だけが守ってくださり、お父様だけが受けもって主管してくださいませ。私たちの生命も私たちのものでなく、私たちの知識も私たちのものでなく、私たちの観念すべても私たちのものではないと悟らせてください。

世のいかなる観念が偉大だとしても、天倫とは比べものにならないと悟らしめ、この世の無知さが、この地上にしみ込んでいることを悟らしめて、その罪悪の影が全世界と関係を結んでいることを悟らしめてくださいませ。そうして自分自体の足らなさを悟り、天倫の動きに感動を受け、全体に対し、おそれ多い心を感じさせてください。

心は願えども肉身は弱いですから、この弱き肉身を砕き得る力を現し、大いなる権能によって再創造の恵みを与えてくださり、お父様のみ手によって、正しく造っていただける土とならしめてください。栄光なる形状へと造られ得る、温柔謙遜《おんじゅうけんそん》な者とならしめてくださいますように。

今日、取るに足らない私たちを、お父様が呼んでくださいましたから、あなたの願いを果たし得る身とならしめてください。私たちをお父様のみ前に立て、一問一答できる立場に立たせてくださり、私たち自体が天倫の要求する使命を受け、全うできますようお許しください。

あらゆる悪と闘い、分別できるようにしてくださり、善悪を分別し、善なる立場に立たせてください。善なるものは残り、サタンの悪は清算されることを信じて、正しき道に入り、あなたの栄光の中に生きる者とならしめてくださいますように。

（一九五六・七・一九）

お父様の心と一つとならしめてください

今日私たちの心には、お父様の悲痛なる心と悲しい心がございます。本心はこれを認めておりますが、己を中心とする堕落性はこのことを違うと否定しております。

常にこのような本心と邪心の闘いに処している私たちであることを知っておりますから、今日私たちが自ら己の心を収拾し、お父様の心と一つになれることをお許しくださり、己のすべてを忘れ、唯一お父様の心とお父様のみ意《こころ》と一つになるため、努力する私たちとならしめてくださいますように。

お父様の心と一つになったその心は、億千万金を与えられても、換えられない心であると思いますから、すべてを犠牲にしても、その一つを求めんがため闘いゆくことができ、守りゆくことのできる私たちとなれますように。

お父様！　今の時はこの上なく困難な時であり、またサタンが私たちの一つになろうとする心を遮っておりますから、お父様のみ旨を成すために、他のため自らを犠牲にする、新たな条件を立てさせてくださいませ。

お父様のみ旨を望みながら闘うことができ、お父様のみ旨の栄光を広めることのできる摂理歴史を全うさせてくださいますよう、切にお願い申し上げます。

私たちの心と天の志がお父様の祭壇の前に一つとなり、サタンを屈伏させ得る条件物とならしめてくださいますように。

（一九五七・一一・一〇）

私たちの心と体を主管してくださいませ

お父様！　私たちの心と体を主管してくださいませ。私たちには心がありますが、私たちのものではないことが分かりましたし、体がありますが、私たちのものではないことが分かりました。

心は善なる方向を指向すれども、体は悪なる方向へ進もうとするがゆえに、その間であえぎ苦しんでいる自らであり、天の嘆息圏を脱することもできずにいる私たちであることを、お父様も御存じの上、私たちに接することを知っております。

お父様、このような私たちを哀れんで、私たちに天の生命のみ恵みを加えてくださり、私たちの心中に強力な復活の力を加えてください。体は心を屈服させようとしますが、天のみ意《こころ》は心が体を打って、心の前に体を永遠に屈服させることのできる勝利の基準を求め、成就することでございます。

このような基準を今日、私たち自身を通して成就しなければならない、必然的な闘いが私たちに残っています。それゆえに私たちの前に次々と現れる闘いは、私たちが恐れる闘いではなく、またこのような闘いの環境で降りかかる、あらゆる悲しみが大きな悲しみではなく、心と体の闘いにおいて心が体の主管を受けているという事実が、もっと大きな悲しみであるということを、今日私たちに感じさせてください。

お父様、強い心をわき起こらせ、強いみ恵みを加えてくださり、私たちの心が体を屈服させ得る能力をもつことができますように。

このことが私たちによって成就されなければ、全体の生命の復活を成し得ないということを知っておりますから、お父様、私たちの心がたぎり立たなければなりません。

生命に対する心、恵みに対する心、復活の役事に和することのできる心、その心に受けた衝撃と感激が私たちの体を包み、私たちの環境を包めるようにしてください。そのような天的な再創造の役事が私たちの体の中に現れるようにしてくださらんことをお父様、切にお願い申し上げます。

（一九五九・四・二六）

第七章 使命

真理と生命と愛の門を開く子女とならしめてください

お父様！　恨《ハン》多き六千年のすべての内容と、お父様の内的な事情を悟らせてください！　そして心に悟ったところがあるならば、これに対し最後まで責任を負わせてください。

お父様のみ言《ことば》を与える者の責任が貴重であると感じると同時に、受ける者の責任も、それに劣らず貴重であることを悟らされますし、むしろ与えるよりも、受ける者の責任がもっと重いことに気づかされます。

与えるときはひと時ですが、受けるときは永遠をかけて受けなければならないことを知っておりますから、天からひと時受けたその真理を永遠に保存し得る私たちとならせてくださり、ひと時受けた生命を永遠に保存させてくださり、ひと時受けた愛を永遠に保存し得る私たちとならせてください。

そのような私たちとなってこそ、神様の真《まこと》の子女となれるということを分からせてくださいますように。

真理の鍵を見つけ、生命と愛の鍵を見つけて、残っている宇宙的な真理と生命と愛の門を開き、天宙の中心としておられる神様の内的事情を解くことのできる子女たちとならせてくださり、あなたが信じることのできる真の子女の座まで進ませてください。

そのために私たちのすべてを分別してくださり、不備なるすべてを満たしてくださいまして、永遠なる天国が完全に築かれる日まで、私たちを導いてくださらんことを切にお願い申し上げます。

（一九五七・三・一七）

天の恨《ハン》を解いて喜びと栄光を帰す子女となることができますように

お父様、私たちを通して解怨成就なさらんとする、あなたの聖なるみ旨があることを知っております。その解怨成就なさらんとするみ旨の前に忠誠を尽くし、なくてはならない子女とならせてくださいますようお願い申し上げます。

今日の私たちがありますのは、私たち自らによるものではないことを知っております。始まりもあなたであり、終わりもあなたであると信じて、あなたの前にすべてをゆだねましたから、主管してくださいますように。

私たちをして、勝利の個人と、勝利の家庭と、勝利の国と、勝利の世界を復帰し、さらには勝利の天国を築かれまして、お父様お一人が栄光をお受けくださいますように。

犠牲となり祭物となられたあなたのすべての無念なる事情を私たちが代わりに担い、必ずやあなたの恨《ハン》を解いて、喜びと栄光を帰し奉ることのできる子女となることをお誓い申し上げます!

お父様、私たちを中心として三時代の因縁が結ばれていることを知っております。過去に来ては去った数多くの先祖たちが、私たちによって解怨成就されることを切に望んでおり、世界中に散らばっている人類が解放のひと日を待ち望んでおり、未来の子孫たちが解放のひと日を待ち望んでおりますから、彼らを解放してあげることのできる私たちとならしめてくださいませ。

そうして天のみ旨を掲げ地のみ旨を掲げて、人類の道理を打ち立てることのできる息子、娘とならしめてくださいますよう切にお願い申し上げます。

（一九六九・一〇・一九）

お父様の悲しみの友となることができますように

険しい道を歩みながらも、天のみ旨に責任をもつための使命感が私たちの心にわき上がるようにしてくださり、悲しみながらもお父様の悲しい歴史の友となって、あなたの路程に同伴できる息子、娘となれるようにしてください。歴史的な苦痛を共に感じて苦しむ心情の友となり、悔しい心情に同伴してお父様の内的悲しみの友となると同時に、外的悲しみの友となりまして、永遠なるお父様の喜びの対象とならしめてください。

自分の心の中にある悲しみを悟れぬ人間であるとするならば、幸福の道を見いだす道理がないことも分かりましたし、苦痛の道を歩むべき人間が、その苦痛の道を避けようものなら、その者は決して苦痛の道を免れ得ないということも分かりました。

悔しさと無念さに打ち勝つ忍耐を失った数多くの人々……、その忍耐なくしては、いかなる苦痛をも免れ得ないということを悟れるように役事してくださいますように。

悲しみの峠を越えてこそ、苦痛の峠を越えてこそ、悔しい心情の峠を越えてこそ、その日の恵みが決定される天倫の原則を私たちは知りました。

今、お父様の心情を抱き、地を抱き、万物を抱いて涙を流しまして、「お父様の悲しみは私の悲しみであり、お父様の苦痛は私の苦痛であり、お父様の苦難は私の苦難でございますから、そのすべての苦痛を私に担わせ、お父様は幸福な立場にお立ちください！」と、言うことのできる私たちとならしめてください。

千姿万態《せんしばんたい》なる人の中で勝利した息子たちを立て、全宇宙を復帰したいと願われるお父様の心情が分かりましたから、その心情をこの身に抱いて現せるように導いてくださり、いかなる祭物として犠牲になることも、またいかなる死の道であっても感謝しながら、お父様の道を守っていける息子、娘とならせてください。お父様との絆を切って裏切るような者となるのではなく、必ずやお父様のみ旨をかなえてさしあげる私たちとならしめてくださらんことを、切にお願い申し上げます。

（一九五八・九・一四）

怨讐《おんしゅう》を押しのけていく子女とならしめてください

お父様、私たちを送られたあなたの願いが何であるかをはっきりと知るべき時がまいりましたから、お父様のその願いと私たち自身が一致し、その願いの結果をもってお父様の前に帰らなければならない、重大な責任があるという事実を、はっきりと悟らせてください。

お父様、あなたが歴史時代を経ながら悲しかった事情があるならば、私たち一人一人の心中に訴えてください。怨讐と対決する中で悔しく憤懣《ふんまん》やる方ない事実があるならば、そのすべてを復帰し、蕩減《とうげん》することのできる一念を、私たちに移入してください。

お父様によって始まった私たちですから、お父様によって生きていきたいのでございます。ですからお父様の前にすべてを捧げてついて来たそれぞれの心に、あなたの能力と生命の力がほとばしるこのひと時とならしめてくださいますように。

私たちはこの民族の困難を踏み越えていかなければなりません。また私たちは、すべての混乱した環境を収拾していくべき天の命令を受けた者の責任が、この上なく重要であることを知りましたから、今や、目的意識に徹底しなければなりません。

怨讐《おんしゅう》がこの目的を遮るときは、その怨讐を押しのけていかなければなりませんし、環境が応酬してくるとき、その環境を除去していかなければなりません。このような決意に徹する一人が必要であることを痛感することのできる、あなたの息子、娘とならせてくださいますように。

数多くの人々の中から私たちを呼び集められたときには、あなたの大いなるみ意《こころ》があったということを私たちは知っております。特別にあなたの使命を付与して、新しき使命を命令なさらんがためのみ意があったということを知っております。

お父様……、ですから私たち各自の身も心もお父様の前に完全に捧げて、最後の前線に向かって駆けゆく天の勇士の姿を備えさせてくださいますよう切にお願い申し上げます。

（一九六九・五・一）

勝利の一路を開拓すべき使命が残っています

お父様、この地上に訪ねこられんがため、どれほど御苦労なさったことでしょうか。誰も知り得ない復帰というこの悲痛な路程を経てこられんがために、どれほど御苦労されたかを私たちは学びましたから、そのことを忘れさせないでください。

あなたが直々に歩まれたみ跡に従いながら、あなたの胸の中に残った遺恨の拠点を私たちが闘って克服し、勝利の一路を開拓すべき使命が残っているということを、はっきりと分からしめてくださいませ。

あなたのために足らなき私たちが侍《はべ》り奉り、忠孝の道理を果たすとしても、限りある身であるがゆえに、ある限界線を越えられずにいることを知っております。

しかしお父様はいつも私たちを訪ねて支えてくださいましたし、行くべき目的を達成させるため励ましてくださいました。しかし私たちが倒れてお父様の前に御心配をかけた時がどれほど多かったことか、言葉では言い尽くすことができません。そのたびごとにお父様を悲しませ、お父様の背に苦痛を負わせた事実をお許しくださいますようお願い申し上げます。

きょうもあなたのみ旨のために身もだえしながら、ひと日の勝利のために精誠を尽くした家庭があるとするならば、その家庭に千倍、万倍の恵みを施してくださいませ。

地上で精誠を尽くす群れが天上世界の群れと一致し、天と地が取り交わすことのできる勝利の基台を備えさせてくださいますように。

そうすることによって、お父様の顕現とお父様のみ業が、実際に全横的世界に展開されることを知っておりますから、そうなることのできる統一の運勢が、この地上に現れるようにしてくださいますよう、お父様、切にお願い申し上げます。

（一九六九・六・二九）

第八章　忠孝

天の呼ぶ声に従って馳《は》せ参じます

天を仰ぎ万物を見つめながら、お父様の願う望みをかなえてさしあげるために天の呼ぶ声に従って戦場に馳せ参じることのできる、お父様が喜べる子女たちとならせてください。

お父様のわびしい歴史的な恨《ハン》を、私たちは知らなければなりませんし、この世界に訪ねこられる歩みが、いかにもどかしく悲痛であるかという事実を、私たちは知らなければなりません。

私たちの体がお父様の行かれる足場となり、平らな道にならすために使われる材料となるということを考えますとき、茨の道ゆえにこの道を開拓すべき使命が私たちの成すべき真《まこと》の使命であり、責任であると感ずるのでございます。

お父様！　私たちは人の知り得ない、人の歓迎し得ない道を歩んでまいりました。悲しいときもたくさんございましたし、寂しいときもたくさんございました。しかしながら、お父様の行かれた道であるがゆえに、感謝の心で涙をもって歓迎し、心情のこもった声でお父様を呼ぶ時が千回、万回ありました。お父様を呼んだ私たちの声とともに、私たちの涙とともに、お父様も涙ぐまれたというその事実が、いかに貴いことかも私たちは知っております。

今日お父様のみ旨のため忠誠を尽くすことに疲れた者がおりますでしょうか。いま一度哀れみの心をおかけくださり、愛してくださいますように。

今や残された恨み多き復帰の道を再び行かなければなりませんから、その歩みを聖なるものとみなしてくださり、その姿をお父様が記憶してください。

お父様の保護と権威が共にあってくださり、いずこにおいても百戦百勝の勝利を収め、お父様のみ前に栄光の基盤を築くことによりまして、お父様が直々に多くの民の前に立てて「これは我が息子であり、娘である」と、称賛することのできる息子、娘とならしめてくださいますように。

残された復帰の途上に、お父様の計画されるみ旨の前に、勝利の栄光だけが残らんことを切にお願い申し上げます。

（一九六五・一二・二六）

一路邁進《まいしん》できる勇猛さを与えてください

お父様、私たちの前にはいまだに険しい道が残っておりますから、お父様が直接支えてくださいまして、あらゆる死の道を歩むとも、生き残ることができますよう、力を与えてください。

今、じっと眺めてばかりいる愚かな子女たちを抱いてくださいまして、ひたすら天のみ旨を成すため、一路邁進できる勇猛さをお与えくださり、召された天の子女として、天の勇士として、突き進むことができますように。

自分を中心として天倫を推し量る愚かな者にはならないようにお

助けくださり、ただお父様の栄光だけを現し、この地上にお父様の恵みを高めることのできる子女たちとなれますよう、切にお願い申し上げます。

眠れる四十億の人類を、お父様の前に探し立てるべき使命が私たちにございますから、お父様、私たちに下さったみ言《ことば》をもって自信をもって進みますとき、至る所に生命の炎を起こしてくださり、復活の役事を起こしてくださいまして、お父様の喜びと栄光をこの地上に高らかにすることのできる、子女となれますようお助けください。

人間としての責任を果たすまで天の基準を捨てさせないでくださり、ただ天のみが対することのできる子女とならしめてくださいますように。

既に担った使命を、再び地に捨てるような子女たちとならないようにお助けくださり、お父様の栄光を最後まで現すことのできるお父様の愛する子女、有能な子女として立たせてくださいまして、恨を残すことがないようお助けくださらんことを、切にお願い申し上げます。

（一九五六・五・二三）

お父様の偉業を継承する子女とならしめてください

お父様、私たちが対象を夢中に愛してからも、また愛したくて何度も夢中になれるような愛の動機はもてませんでしたから、決定的な愛の権限のもてない自らであることを嘆かせてください。

夜を明かして日々を重ねながらも天を敬慕したひと日をもち得なかった自らを慨嘆し、そのような動機をもてるように私を支えてくださいと、訴えながら駆けゆく息子となり、娘となり、家庭とならせてくださいますようお父様、切にお願い申し上げます。

私たちがこの世の家庭と、この世の国と、この世の人々の前で、より大きな価値をもち、彼らを喜んで祝福してあげる子女たちとならなければなりません。

そのようにして、より貴きものを新しく創造する子女たちとなるとき、万事がみ意《こころ》のままになるという事実を分からせてください。

神様の代わりとなる父母の立場で現れる場には、霊界が動員されるということをはっきり分からせてください。また、私たちが世界の中心となって主体的権限をもち、相対的な環境を動かす使命を全うできますように。

「お父様！」と呼ぶときにも、今日この世の人々が切なる思いで呼ぶよりは、何十倍ももっと切なる思いで、千回も万回もお父様を呼びたいと思いますから、前よりも今が、今よりも今後が、よりお父様の内情が体恤《たいじゅつ》できるようにしてください。

あなたの息子であるといえる位置に立たせてください。放蕩《ほうとう》息子も息子であり忠臣も息子でございますが、私たちをお父様の偉業を継承できる息子とならせてください。

あなたからすべての偉業を余すことなく相続し得る孝子であると、すべてから公認される息子となるため、身もだえする姿とならせてくださいますよう切にお願い申し上げます。そうして、あなたから「お前は我が愛する息子だ！」と認められるようにしてくださいますように。

（一九七〇・一一・二六）

まずもって父母の心を気遣う子女として歩めますように

いつも取るに足らない、か弱きこの群れと共に御苦労なさるお父様、孤独な立場でもいつも耐え忍びながら、私たちに勧告なさるお父様、悲しみの環境に独り責任を負って、私たちの慰安のひと日を開拓せんがために、先頭に立ってこられたお父様、そのようなお父様であられることを思いますとき、お父様を心情の主人として侍《はべ》ることのできない、親不孝極まりない私たちをお許しください。

今、襟を正しあなたの貴き理想を見つめながら、敬慕と思慕の心情に徹することのできるひと時を待ち望んでおりますから……、仰せつけたいことがございますなら、訪ねこられて私たちの身と心にしみ込むほどに命じてくださり、新しき命令の因縁によってあなたの願う所に向かっていけないならば、「そこに向かっていけ!」と、むちを打ってでもその場に行けるようにしてくださいますよう切にお願い申し上げます。

お父様のみ前に祭物として捧げられるべき私たち自身であるにもかかわらず、そのようになれませんから、お父様が追いやってでも、引っ張ってでも、あなたの祭壇まで私たちを導いてください。

まだ物心のつかないイサクを連れてモリヤ山に向かっていくアブラハムに、その子イサクが、「祭物に使う羊はどこにあるの?」と聞いてきたときに、「お前は心配しなくてもいいよ」と答えたアブラハムの心を察するたび、その親心を察するたびに、私たちを導いてくださるお父様の心に、どんなに悲しみが先立つことだろうかと感じるのでございます。

私たちはお父様の心を気遣う前に、自分自身と自分の身の回りの事実を気遣う時が多かったことを考えますとき、今、私たちは自分を越えてまずもってお父様の心を気遣い、お父様の主流を守ることのできる、真なる孝の中の孝を尽くし忠に忠を尽くす、お父様の前になくてはならない息子、娘となることができますよう、切にお願い申し上げます。

（一九七一・九・五）

ゴルゴタの恨《ハン》を踏み越えていきます

復帰の路程の上に、どんなに多くの曲折があったかを思えば思うほど、私たちの行くべき心情の峠が残っているということを考えざるを得ません。

お父様の路程にこれほど曲折が多かったことと、お父様の事情がこれほど惨めなものだったのは、我々の先祖の罪ゆえであることを知っております。

アダムとエバの過ちによるこのすべてのゴルゴタの恨を、私たちも踏み越えていくべき時がまいりました。あなたが歩んでこられた道に従ってきたところ、十字架の道でございました。しかし人知れぬその道に、開拓者の心情で身もだえしながら従ってきたところ、その道が滅びの道でないということが分かりました。

人間は嘲弄《ちょうろう》しましたが、あなたは励ましてくださいました。数多くの人間は反対しましたが、あなたは慰めてくださいました。「私がおり、霊界にいる幾千万もの聖徒たちがお前の行く道を擁護する」とおっしゃっては、何度も勧告されたことを、私たちは知っております。

私たちはあすの黎明《れいめい》を迎えんがために、この渦中にも暗闇の道をたどっていかなければなりません。この暗闇の道を経てこそ、新しい黎明が迎えられるということを知っていたがゆえ、統一の役軍は人の嫌がる夜明けの道をたどりながら今まで闘ってまいりました。

この路程で私たちが涙を流すことがあるとき、涙されるあなたと共にありたいと願い、汗を流し飢えるときも、あなたの苦労の路程を慰労できるひと日を立てるために苦悶《くもん》していたということを、あなたは御存じであられます。

恨《ハン》多き過去を追憶として残し、涙とともに神様を気遣う者とならしめてくださり、恨多き追憶と涙で過ごしてこられた恨多き過ぎし日を清算し、あすの、善を得てほほえまれる希望のお父様の姿が慕わしく、今日の自分のみすぼらしく哀れな姿を忘れたまま、孝子の道理を果たそうと身もだえすることのできる、あなたの息子、娘とならしめてくださらんことを切に願い申し上げます。

（一九六五・一二・二六）

人知れず苦難の路程を行く子女とならしめてください

お父様、この場に集ったあなたの子女たちの心の中に訪ねてきてくださいませ。私たちはお父様を敬慕し得る切なる心の土台を備えておりますでしょうか。今、私たちは心にお父様を迎えても、背を向ける悲しい姿勢を取りはしないかと、懸念しなければなりません。

本当の意味でお父様に侍《はべ》り、あらん限りの忠誠を尽くすあなたの息子、娘がおりますでしょうか。無限なる愛と慈悲と哀れみと許しをもって、彼らを祝福の恵みの圏内に抱いてくださいませ。あなたの高く貴き愛の心を無限に感じることができますよう、祝福してくださいますように。

このひと時、お父様のみ旨を案じつつ、お残しになったそのみ旨のために戦場に向かって駆けつける勇士……、自分のすべてを無限に投入し、闘いに必要な装備を備えんがために努力する、あなたの勇士がおりますでしょうか。

人が寝る時間に精誠を尽くし、人が楽しむときに苦難の路程を行き、受難の道を歩みながら、その道を自らの行くべき道と思い、民族と人類の背後で祭壇の基盤を広げていくため、人知れず数多くの受難とぶつかってきた、あなたの息子、娘がおりますでしょうか。

お父様、彼らを祝福してくださいませ。彼らが世の中の根であり、その根の影響を受けて世界は生きているということを、彼らが自ら分かるようにしてください。人が分かってくれなくてもお父様に感謝できる心……、むしろ誰かが分かってくれることを心苦しく思える心を彼らにお与えください。

あなたと一致できるその立場は、このような因縁を通じなくてはならないということを知って、人知れず感謝の心をもってお父様に侍《はべ》ることのできる息子となり、娘とならせてくださらんことを切にお願い申し上げます。

（一九七〇・三・八）

命の道は自ら進んで成し遂げる道です

お父様、私たちが新しい一日を迎えるたびに、朝の日ざしが新しく私たちを照らしてくれるたびに、み旨を中心として新しい日となることを願わなければなりませんし、光明な日ざしのごときあなたの希望のみ旨を慕うことのできる、私たち自身とならなければなりません。

毎日の生活におきましても、あなたと私たちの間に隔たりがあってはならないことを、知っております。

あなたが行く道は私たちも行くべき道であり、あなたがとどまる所は私たちもとどまるべき所であり、あなたが闘う場もまた、私たちが闘わなければならない場であり、あなたが怨讐《おんしゅう》と対決している場もやはり、私たちが怨讐と対決しなければならない場であることを、私たちは体恤《たいじゅつ》しながら行かなければなりません。

あすに向かって進みゆく姿勢を中心として、正しい姿勢となっているか、お父様の経てゆかれる環境がどこへ向かうのかを知り、その環境に共に参ずる立場に立ったかを知らなければなりません。もしもその立場に立てなかったならば、焦る思いで再び従い直すべき立場であると、自覚しなければなりません。

命の道は誰かに勧告されて行く道ではなく、誰かに引っ張られて行く道でもございません。自ら進んでそれを成し遂げなくては進みゆくことができないという事実を、知らなければなりません。

受け身の立場に立ってはならないということをはっきりと知り、自ら進んで誓いつつ生命の力を増しゆくことのできる、あなたの息子、娘とならしめてくださいますようお願い申し上げます。

あなたが私たち自身を御覧になって、悪の立場にあるならばむち打ってくださり、善の立場にあるならば私たちの手をしっかりと握ってくださいまして、あすの希望のみ旨の前に、活気を帯びた息子、娘として現れさせてください。

そうしてあなたの戦場を受け継ぎ、あなたのみ旨の前に妨げとなるすべての条件に自ら責任を取って立ち上がり、あなたが信じることができ、忠孝の立場を開拓することのできる、息子、娘となrしめてくださいますよう切にお願い申し上げます。

（一九七一・二・二八）

第九章　決意

み旨のために命を投げ出して戦う勇士とならしめてください

時代を過ぎ、世紀を経て、終末の時まで苦労し、摂理してこられたお父様、お父様の摂理のみ旨がこの地上に早く成されんことを望む私たちが、お父様のその苦労に対して地上で責任を取り、勇み立てるようにしてください。

お父様の聖壇を中心として天的な使命を引き継ぎ、地上でイエス様に代わってサタンと闘うことのできる、凛々《りり》しき息子、娘とならせてくださいますようお願い申し上げます。

自らの身をお父様の前に明らかにさせてください。この身を民衆の前に立たせ、世紀末的な神様の使命を代身して苦労する姿とならしめてくださり、この時代に天が要求する天的な使命と召命のみ言《ことば》に従順に従う、忠実な僕とならしめてくださいませ。

天は自信のある勇猛な勇士を求めておられ、卑屈で卑劣な、怨讐《おんしゅう》の前にひざまずく者は願われないということを知っておりますから、み旨のためなら生命も投げ捨てることのできる天の勇士とならしめてくださいますように。

多くの人々の中から召してくださったお父様、行かずにはおられずに従ってきましたら、困難な道であることが分かりました。開拓者の闘志で闘いの一路を開拓し、天の闘士として突き進まなければならないことを知っておりますから、私たちの行く道がお父様のみ旨の道であるからには、茨の道をものともせず、険しき峻《しゅん》嶺《れい》をものともせず、体が引き裂かれ傷つくことがあっても、唯一み旨を中心として、ただお父様の勧告の恵みだけを現してくださいませ。

お父様、み旨のために命を投げ出して闘いに闘い、勝利の一日を勝ち取るまで、変わらぬ信仰をお与えください。変わりなき一つの中心を備えて、敵地に投げ込まれた爆弾のごとく、環境をものともせずに突き進み、お父様のみ旨の勝利のために爆発できるお父様の息子、娘とならしめてくださいますように。

（一九五六・一二・一六）

怨讐《おんしゅう》サタンを退けて働くものとならしめてください

愛するお父様、あなたは義なる先知先烈たちを送って、私たちを探し立ててくださいましたし、イエス様を送って私たちの「心」の基を培ってこられました。今や私たちの「体」によって、お父様のみ旨を実体的に成すべきみ旨が残っていることを知っております。

私たちのこの身は家庭を通してお父様のみ旨を成し、また万物までも、お父様の前に探し立ててさしあげなければなりませんから、お父様、共に成してくださいませ。

私たちがとどまる天国だけを建設するのが、お父様のみ意《こころ》でなく、万物圏内にまでもお父様が臨在できる実体的天国を建設すべき責任が、私たちに残っていることを感ずるのでございます。

このような天宙的責任を果たすべき私たちが、堕落世界に残っていることをお父様が御覧になるとき、私たちの行路が案じられ、もどかしい思いをされることと思いますから、足らなく弱き私たちを、お父様がいま一度支えてくださり、永遠の生命をもてるように導いてください。

お父様がお導きくださるなら、私たちは落胆いたしません。私たちは躊躇《ちゅうちょ》いたしません。ですからお父様の生命と栄光を所有するため、怨讐《おんしゅう》サタンを退け、天の働き得る個体となり、天の働き得る教会と国、世界と天国を建設することのできる天の勇将となれるように導いてくださいますように。

今、私たちの心ではお父様の心情を、私たちの体ではお父様の生命を感じまして、万物圏までもお父様の前に立てることのできる息子、娘となれるよう導いてくださいますように、切にお願い申し上げます。

（一九五八・三・九）

百折不撓《ふとう》の心情で生き残る群れとならしめてください

人間には裏切って背を向ける道もございますが、お父様には裏切る道も背を向ける道もございませんから、歩みに歩みを重ねていかなければならないことを私たちは知っております。「後退」という名詞を要しない、お父様の道であることをおそれ多くも思い知るのでございます。

お父様のお心はどんなにかもどかしく、どんなにか深刻で、どんなにかせわしないことでございましょう。各地にいる孤独な統一の群れがお父様の前に哀訴しております。この群れの行くべき行路を知ってはおりますが、その歩みを再び駆り立て、むち打たなければならない苦しい事情が、お父様にあることを知っております。

ここで耐え忍び生き残る者は、お父様の祝福を受けるでしょうが、落伍《らくご》する者はのちの代で讒訴《ざんそ》を受けるでしょうし、嘆く結果を招くであろうことを知っております。お父様、どうか強く雄々しき心をもたせてくださり、最後まで耐えに耐えて生き残れる群れとならしめてください！

お父様を求めるためには、私たちは孝子女とならなければならず、その国を求めるためには忠臣烈女とならなければなりません。その理念は聖なるものですが行く道は悲惨でございます。その内容は美しいものですが、現れた現象は死の道でございました。死の道を行きながらも、心には希望をもつべき道でございました。お父様がそうされるがゆえに息子、娘たる私たちもそのようにし、お父様がそのような道を行かれるがゆえに、私たちもそのような運命の道を行かなければなりません。

それがゆえに私たちが、その途上で疲れ果てずに百折不撓《ふとう》の心情をもち、最後の勝利者として定められるようにしてください。今や勝利したと言い得る安息のひと日、お前たちは我がものであり、この天下は我が息子、娘たるお前たちのものだと祝福を受け得るそのひと日まで、耐え忍んで残れる群れとならしめてくださいませ。その日を迎えるまで苦難に共に参ずる群れとならしめてくださいますようお願い申し上げます。

（一九六四・三・二二）

み言《ことば》が私個人にとどまらないようにしてください

お父様、私たちが生命をもったとするならば、その生命の原動力が私一人に限られないようにしてくださり、み言の能力をもったとするならば、そのみ言が私一個人にとどまらないようにしてください。さらには、そのみ言と生命の力を、民族を超え世界を巻き込み、天地を動かし抜く力と化し得る私たちとならしめてくださいますようお父様、切にお願い申し上げます。

今、お父様を求めて立ち上がった私たち、お父様はただ私たちの考えているように、栄光のお父様としてだけおられるのではなく、十字架の絶頂をも越えゆく、お父様であったことを私たちは知りませんでした。

お父様！　今、祭物の峠を越えるべき私たちでございますが、お父様が私たちを尋ねるために私たちに先立ち、とても言葉にはできない苦労をしてこられたことに気づくとき、私たちはこの道を行くまいとしても行かざるを得ないことを感じるのでございます。

残された歴史的なすべての負債を蕩減《とうげん》すべき全体的な使命が、今日、私たちにあることを知っておりますから、私たちに足りなきところがあるとするならばそれを取り除き、課された使命を十分に果たせるようにしてください。

六千年の歴史過程で残された罪悪の叫びを聞いている私たち、今後はアダムとエバの立場を経て、新たな善の先祖として乗り越えるべき立場にあることを知っておりますから、現実のすべてを踏み越え、新しき世界を創建する、天の役軍として立ててくださいますよう愛のお父様、切にお願い申し上げます。

今まで私たちを慰めてくださったお父様を求めておりましたし、慰められようと求めておりましたが、これからは慰めてくださるそのお父様の代身である主に、むしろ侍《はべ》ることのできる私たちとならしめてください。

（一九五八・五・四）

「み旨を抱いて倒れる」この志操を千秋に残して逝けますように

お父様、私たちは行きます！　私たちは誇ります！　私たちは乗り越えます！　私たちはこのみ旨を抱いて倒れます！

反対する者がいくら多いとしても、「私たちがお父様の息子、娘であり、お父様が私たちの父であられ、心情的に結束した私たちとお父様の関係を、どこの誰が蹂躙《じゅうりん》できましょうか。この志操だけを自負したいのです！　この志操だけを千秋に残したいのです！」と言うことのできる息子、娘とならせてください。

お父様、取るに足らず資格のない私たちに、身に余る恵みを与えてくださいましたが、感謝の涙を流せなかったことをお許しください。

生きてお父様の息子となるべきことが分かりましたし、死ぬ前にお父様の愛を高らかにたたえるべきことが分かりました。ですから恨《ハン》を残すことなく一度でもそのような息子、娘となって、お父様に仕えてから死ぬことのできる私たちとならせてください。

これが私たちの願いであり、お父様の願いであることを分からせてくださり、これがお父様の恨みを晴らしサタンを撲滅することだと分からせてくださいますようお願い申し上げます。

天の主権を立てるまで耐え忍び、犠牲となり、譲歩し、倒れつつもこのみ旨の成就するひと日のために、のどが詰まるほどに祈りながら、戦い抜く息子、娘とならしめてくださいますように。

世界の前に任せられた責任を、私たちが団結して果たしても余りあるほどに、直接共に成してくださいますよう切にお願い申し上げます。

（一九六〇・一・一七）

人類の前に先発隊として現れる群れとならしめてください

お父様、私たちはついて行く群れとなってはなりません。お父様の前に、民族の前に、人類の前に、先発隊として現れることのできる姿とならしめてくださいますように。

お父様、あなたは多くの日々を悲しみの中で尽くしてこられたことが恨《ハン》でありましたし、多くの人々が天に背いた逆賊の群れとなったことが恨でありましたから、この恨多き日と恨多き事情を背負う私たちであることをよく知っております。

今、私たちがその重荷を責任をもって引き受け、全宇宙と万物のために、天の供え物となることを自ら喜ぶことのできる、あなたの息子、娘とならしめてくださらんことを切にお願い申し上げます。

今、このひと時、私たちは過ぎし日のすべてを明確に告白し、純粋できれいな心根の上に、お父様を慕う思いと敬慕の情だけが、私たちの胸に満たされることを望んでおります。

そうしてあなたがどんな事情をもっておられようと、あなたがどんな姿をしておられようと、それを意に介さず、あなたに真心を込めて仕えることのできる、真《まこと》の孝子女の姿を備えさせてくださいますようお父様、切にお願い申し上げます。

今まで訪ねてこられたお父様は、よそのお父様ではございませんでした。私のお父様であり私たちのお父様であると分かりましたから、そのお父様と絆を結ぶべき復帰の運命の途上に立つ、この悲しき子供たちを、再びあなたの懐に抱いてくださらんことを心よりお願い申し上げます。

（一九六六・一・二）

第十章　勝利

「本郷の国」を創建する建国の勇士とならしめてください

お父様！　今日ここに集ったあなたの子女たちを哀れんでくださ い。この子女たちはみな、「本郷の国」を求めていかなければなりません。「本郷の国」を求めゆくこの道が、こんなにも困難な道であると、どこの誰が知り得ましょうか。

お父様、恨み多き嘆きの世界で、この怨恨の基台を踏み越え、これを退け新たな境地に向かって、誘導弾のごとく飛びゆくことのできる新たな心の爆弾を身につけさせてください。心情の爆発力と推進力をもたせてください。そのためにはお父様の愛をもたねばならないことを知っておりますから、そのような人とならしめてください。

どこの誰がこの道を遮り反対するとしても、そのことが問題ではないことを知っております。行くべき歩みが忙しく急であるがゆえに、休もうにも休めず、自らにむち打って、行くべき運命に置かれた統一の子女たちであることを知っておりますから、どうか前途を平坦《へいたん》にしてくださいまして、行くべき道の前に一戦一戦の闘いの誓いを立てさせてくださいますように。

お父様！　一日の生活の勝利者とならせてください。一年の生活の勝利者とならせてください。私たちを、生涯路程の勝利者とならしめ、お父様が私たちに賜わんとなさる幸福の礎である「本郷の国」を創建できる建国の勇士とならしめてください。

その平和の王国を創建し「お父様を迎えて、千年も万年も暮らしたいものだ」と言うことのできる、あなたの息子、娘とならしめてくださいますようお父様、切にお願い申し上げます。

（一九六八・三・一〇）

お父様の栄光の日々を迎えることができますように

私たちの心が望む希望は、永遠なるお父様の理想の園であり、私たちの体が望むのは、サタンと闘って勝利した栄光の姿を、お父様の前に誇れるひと日を求めることでございますから、私たちの心がお父様の栄光をまとい、私たちの体がお父様の似姿となり、身も心もお父様の喜びの対象となって、栄光の姿で顕現できるようにしてください。

お父様、私たちに心からお父様の愛を敬慕し、お父様の人格に倣おうという思いがあるならば、今日のお父様のその悲しみが私たちの悲しみとなり、お父様の切なさが私たちの切なさとならなければならないということを知っております。

お父様、時がたてばたつほど、最後の闘いの日が目前に迫ってくるということを分からせてくださり、その闘いの場において落胆する者にはならせないでください。

お父様に代わって最後の勝利の一基準を立てるまでは、闘いに闘い抜くことのできる天の精兵とならしめてくださいますよう、愛するお父様、切にお願い申し上げます。

今日まで私たちと共に悲しみ、私たちと共に闘い、私たちと共に苦しんでこられたお父様、今や、お父様の望みのひと日を仰いで臨むべき、新たな闘いが私たちに残されていることを知っておりますから、お父様、私たちに無限の力を注いで、その闘いに勝利できるように役事してくださり、どうか足らなき姿とならぬように助けてください。

そうしてこの民族がお父様の愛の懐に抱かれ、さらにはその民族を通して人類すべてが、お父様の栄光の日々を迎えることができるようにしてくださいませ。また、その人類を通して天の幾千万の聖徒たちまでが和動する、二つでない一つの世界を築き上げ、お父様の栄光をたたえ、お父様の愛を体恤《たいじゅつ》しながら生きる新しき復帰の園が、いち早くこの地上に実現されますように、役事してくださらんことを切にお願い申し上げます。

（一九五七・一〇・一三）

一生を懸けたみ旨の道を感謝して歩みます

お父様、歴史路程を経てきた私たちが、自らを世界に反映させ、世界を私たちの一身に反映させ、この世界を動かすお父様に仕えることのできる、孝子、孝女、忠臣となれるようにしてくださいませ。

これがお父様の願いであることを知りました。これからはみ旨のために犠牲になっていこうという新たな覚悟のもとに、天のみ旨の前に凛々《りり》しく立てる息子、娘とならしめてくださいますようお願い申し上げます。

私たちの前に険しい道が現れ、迫害が続いたとしてもお父様のことを思い、寂しさで涙があふれ出るとしてもお父様のことを思い、身にしみるほど悲哀の曲折を経て、身の置き所に困る時もお父様のことを思いながら、この道は我が行くべき道、一生を懸けたみ旨の道と思って、感謝しつつ歩み得る息子、娘となるならば、私たちは滅びないことを知っております。

そのような私たちを通して、この民族は新たな方向を知る時が来るでしょうし、世界人類の新たな文化の基準、新たな時点を定めて、立てる時が来ることと思いますから、天情の因縁を備え、天的な心情の園を建設するためのラッパを高らかに吹いて行軍できる勇士とならしめしてください。

サタンの終末を見るため敵陣に向かって総進軍できる、あなたの息子、娘とならしめてください。そうして、天が失った人間を捜し出して天の懐に帰し、勝利の凱旋《がいせん》歌を歌っても余りある息子、娘となることができますように。

天が任せようとなさる時代的な偉業、世界的な偉業、さらには天宙的な偉業を担うに当たって、足らざることのないようお父様が抱いてくださり、鍛練してくださらんことを切にお願い申し上げます。

（一九六〇・一〇・一六）

眠るときも休むときも己を忘れ、お父様と一致できますように

お父様、歴史過程において数多くの嵐と怒涛《どとう》をかき分けて進みながらも残った、この統一の群れを守ってくださいませ。

私たちの進むこの航路の先には、幸福の港が私たちを待ち受けているということを知っております。歓喜と喜びの日を迎えるべく進む途上に、どうして波風がなく、どうして試練がないと言えましょうか。

どんな試練や苦痛にさいなまれるとしても、目的と目標は忘れさせないでくださり、常に方向を透視し得る立場に立たせてください。

お父様、漆黒のような暗闇の中に置かれたとしても、お父様に向かうその心だけは失ってはなりません。外的な基準ではすべての方向を失ったとしても、内的な基準ではその方向を整えさせてください。そんな方向を整えずしては生き残ることができず、厳しい苦海のごときこのサタン世界は決して渡れないということを、はっきりと分からしめてくださいますように。

眠るときも休むときも己を忘れ、心の方向がお父様と一致できるようにしてくださり、自らを収拾して引き連れながら、お父様の協助と共に一体となって行動し、その結果を見ることができるようにしてくださらんことを、切にお願い申し上げます。

流れゆく歳月とともに私たちが誤った歴史の流れを食い止め、天の流れを連結させて、新しき歴史を創建すべき重大な使命が、私たちの前に置かれているということを知っております。

この使命のために生まれたがゆえに、ひたすらこの使命のために闘い、この使命のために死ぬことのできる勇兵とならしめてくださり、最後の勝利をお父様のものとして決定づけて捧げることのできるその日を迎え、お父様のもとに行けるあなたの子女となるよう、導いてくださらんことを切にお願い申し上げます。

（一九六九・八・二四）

み国に神様をお迎えする日を仰いで進んでいきます

お父様、私たちはあなたの求める勝利の国を建てんがために、この身を克服して引き連れ、すべてを捧げて進む覚悟をしなければなりません。あなたがあんなにも求めてこられた勝利のひと日を、私たちは必ずや見てから死ななければなりません。あなたが望まれた勝利の国を、必ずや建国してから死すべき責任があるということを痛感しなければなりません。

少数の群れによって全体を代身させようというお父様のみ旨の前においては、苦労の過程を通過せざるを得ず、鍛練と試練と受難の過程を通過しなければならないのが、歴史過程の実情であることを思いますとき、私たちがこの道を正当に歩めるようにしてくださいませ。

私たちが耐えてきた過去を誇るのでなく、これから耐えてゆくべき自らを誇れる立場とならなければ、この道を克服することも、勇士としてあすの勝利を誓うこともできないという事実を知らなければならないのです。

私たちは、あのみ国を主管し、あのみ国を愛し、あのみ国で権限をあまねく行使される神様を、お迎えできる日を仰いで進まなければならないのです。

今そんな環境はもてないとしても、今後、迫りくる試練を越えて、心の世界においてはお父様をお迎えし、そのみ国を貴んであがめなければなりません。

今まで私たちは弱小な群れでございました。しかし私たちは手をつなぎ、体と体、心と心を合わせ、心情と心情を整えて、あなたが運行なさることのできる、一つの強固な基盤とならなければなりませんし、千里、万里まで飛ばすことのできる一つの誘導弾の基地のごとき姿とならなければなりません！

お父様、私たちに力を与えてください。力弱き姿を哀れみの思いで抱いてはぐくんでくだり、あなたが願われる目的の前に加担できる内容を、私たちに付与してくださいますように。

（一九七〇・一一・一）

天が誇る勝者の権威を備えた者とならしめてください

私たちは神様とサタンが怨讐《おんしゅう》となったことを解決すべき主人公とならなければならず、媒介体とならなければならない立場にあるということを考えますますとき、逆境と試練を問題としない、強く雄々しき群れとならなければなりませんから、お父様、力を与えてくださいませ。

決意に燃え上がってはたちまち燃え尽きるような人とはならず、一日の炎が千年を燃やしても余りある、そんな意欲に燃えた天の勇者としてください。

「天を求める道の前に何事か成らざらん」という信念に燃えることのできる、あらゆる気質を授けてください。五官を授けてくださ い。ぶつかって行動し、すべてを消化し得る、そんな自主的な人間となさしめてください。

そのような人をあなたが必要とされていることを知りました。時が過ぎゆく前に、そのことをなすべき歴史的使命が私たちの目前に横たわっております。これを前にして後退するのではなく、これをたたいて押して、取りのけて前進すべき私たちの使命がございます。

残されたその日とそのみ旨が私たちを呼んでおり、人類の解放のひと日を私たちのために準備なさるお父様の心情が、私たちを保護しております。最後の勝利の盾を取り、天と地を代身して勝者の権威を備えた者たちを、お父様が誇りたいと思っておられることを知っております。

それだけでなく、お父様が私たちを万民の前に立て、サタンの前に立てて、「私が愛せなかったものをお前がこのように愛した」と誇ることのできる、神様の愛を受けるにふさわしい息子、娘となるまで、万事の受難の道を通して耐えて、闘って、勝利して、残らなければならないということを悟れる群れとならしめてください。

重要な人となるためには、より犠牲となり、より公的となり、より自らを放棄し得る立場に立ち、それでいて冒険を断行できる人とならなければならないということを、悟らせてくださいますようお願い申し上げます。

（一九七三・六・一〇）

第十一章　結実

花を咲かせ実を結び万国に蒔《ま》かれていくことができますように

お父様！　私たちはお父様の真《まこと》の種となって真の木へと成長し、花を咲かせ実を結んでは、再びあなたの懐に抱かれ得る数百個の結実として現れなければなりません。ですから春の日を迎え、私たちを真の種としてお蒔きになり、自由天地で真の木として成長させて、あなたの慰めとならせてください。

また、そこから漂う花の香りの中に、実を結んで万国に潤いを施し、終わりの日に喜びの宴を開こうとなさる、あなたの願いを成就してください。

お父様！　私たちがお父様を真心から愛せるようにしてください。私たちがお父様に今まで親不孝したのは、悪なる環境で育ったからであることをよく知っております。私たちが希望あふれる環境の中で、公的なお父様の愛を中心に、一つの種として真の沃土に根を張り、根を中心に芽が伸びゆき、一つの木へと育つ環境を重要視しなければなりません。

お父様、青年時代を美しく装わせてください。真の芽とならせてくださり、この民族と、この国と、この世界の前におきまして、すべての人間が仰ぎ見ることができ、全人類を抱くことのできる、新しい生命の木とならせてくださり、新しい花を咲かせ実を結び、万国に蒔かれては生き残ることのできる息子、娘たちとならしめてくださいませ。

そのためには私たちは強くなければなりません。お父様、この国が公的な神様の愛を中心として永遠に結束し、いかなる力でも引き離すことができず、いかなる逆境でも変わることのない信念に燃えさせてください。

すべての悪の要件を、除去できる生命力をもった息子、娘として指導してくださいますよう、心よりお願い申し上げます。

（一九七〇・八・二三）

歴史と時代を代表する自らを発見させてください

お父様、我々が今日の時代的な存在となるためには、背後に数多くの先祖とお父様の涙の因縁があったということを、私たちは忘却してはなりません。歴史を代表し、時代を代表するとてつもなき自らであるということを発見させてください。

天があるのも人を愛するためであり、地があるのも人を愛するためであり、またお父様が人間をお造りになったのも、愛するためであるということを私たちは知りました。

それゆえお父様が最高の目標とするのは、全人類を胸に抱いて、愛したい思いが制約を受けずに、自由の天地、自由の環境で誰にでも届くことのできる愛の圏ではございませんでしょうか。

このようなお父様の摂理的な内容を私たちが相続し、直接的な立場で全人類に向かって声を張り上げ、泣き叫ぶことのできる姿とならなければなりません。そうして天の役事がここから全世界に広がる導引を、私たちが準備するという事実をはっきり悟らせてください。

今日私たちの教会は、新しい歴史的な因縁を中心として、新しい関係を築いて世界的な発展を遂げております。このすべては過去を誇るものでもなく、現実的な社会組織や形態を誇るものでもございません。歴史的な人を愛し、時代的な人を愛し、未来的な人を愛するための立場から、私たちがこの道を踏み出したということを分からしめてくださいませ。

真の愛を受けることのできなかった数多くの先祖の恨《ハン》を、我々一代で解かなければならず、今日、この時代の人を愛し得なかったことを代わりに愛することのできる、一つの中心とならなければなりません。

そして未来に新しい出発の因縁を連結してあげることのできる、一つの決定的条件として、人を愛する根本的な内容をもって出発できるようにしてください。

（一九六九・一〇・五）

霊人と天使天軍の苦労の実を結ばせてください

お父様、この地上にいる統一の群れはもちろんでございますが、このみ旨を成すために歴史路程で苦労した上で霊界に行っている数多くの先祖と、避けることのできないみ旨の事情によって血を流していった数多くの先祖たちを記憶してくださいませ……。

地上の拠点を通過せずしては、あなたの本然の世界に臨めないということを知っている霊人たちの勝利の解放を、お父様は取るに足らない私たちを通して促しておられるということを知れば知るほど、私たちがどれほど重大な責任を担っているかを、感じなければなりません。

私たちの生活が私たち自身だけのためだけに生きる生活でなく、立体的な世界のための生活であるという事実を、私たちはもっとはっきり知らなければなりません。

霊界にいる数多くの霊人と天使天軍たちが、今まであなたの勝利のひと日を望みながら、苦労の路程を克服してきたということを思うとき、彼らの苦労は私たちによって収穫されなければなりませんし、私たちの望む願いは、全世界の人々と共に実を結ばなければならないということを思うのでございます。

現在この地上に生きている私たちは、上下に連なることができる責任を果たさなければならないということを感じさせてください。

そしてお父様、あなたの心情を体恤《たいじゅつ》し、あなたの生命の因縁をあがめ得るその道を、この地上で決定できなければ、お父様と数多くの先烈たちが、関係を結べないということを悟ることができる私たちとならしめてください。

（一九七一・八・二九）

お父様の精誠と心情が宿っている私たちです

今や、お父様が存在することをはっきりと知らなければなりませんし、本来お父様が造られた本然の堕落していない我々の先祖の基準が、どのようなものであるかを知らなければなりません。

家族と民族と国家と世界が、どのようなものであるかを考えてみるとき、私たちはお父様の怨讐《おんしゅう》であるサタン圏に置かれているということが分かりました。その父母を通じて子となりましたし、その血族となりましたし、その国家と世界人類になっているということを知っております。

この悔しく恨めしいこの立場から、私たちは勇断を下してこの世界を切り捨て、立ち上がらなければなりません！

あなたの前に僕《しもべ》として忠誠を尽くせなかったその道を、私たちは復帰しなければなりませんし、養子として責任を完結し切れなかったものを、私たちは復帰し、完成しなければなりませんし、息子、娘として、新郎新婦としてあなたの愛を受け継げる父母の立場に立てませんでしたが、私たちは受け継がなければなりません。

それが二つとないあなたのみ旨であり、願う道であることがはっきりと分かりましたから、この道を純粋に行かせてくださいませ。

これからは私たちが手探りで体を確認するとき、私たちの手がお父様の直接お造りになったアダムとエバを代身した手であることを感じなければなりません。私たちの四肢五体すべてにお父様の愛の手の温もりが残っており、お父様の精誠と心情のすべてが宿っていることを知って、自分自体を貴く思える人とならなければなりません。

この価値があまりにも貴いがゆえに、悪とは手を結べない自らであることを発見させてください。そうして天だけを仰ぎ、天だけに属せる自らとして残らせてくださらんことを切にお願い申し上げます。

（一九七二・一〇・二二）

終着点に向かって厳粛に努力する子女とならしめてください

個人の勝利の道は民族と通じなければならず、民族の勝利の道は世界と通じなければならず、世界の勝利の道は天宙とお父様の勝利と通じなければならないという決定的時代を私たちは目前にしております。

息の詰まるような一場面が私たちの前に近づくこのときに、私たち自身は、あなたの望まれるそんな目的と一致できる立場に立たなければ、哀れな者となり、哀れな国となり、哀れな世界となるということを思うのでございます。ですから心からあなたを慕わなければなりませんし、あなたに仕えつつ、最後の終着点に向かって突き進むため、厳粛に努力する自らとならなければなりません。

それが復帰の道であり、私たちにはあらん限りの心と精誠を尽くして、死を覚悟してでもこの道を克服しなければならない義務と責任があるのでございます。

越えるべき山頂が高く、我々の先祖が滅び、我々の先代の国々がすべてこの峠を乗り越えられなかったということを思うときに、この頂上に向かって走っていく私たちは、歴史上にない最大の決意をしなければならないということを知っております。

私たちが不可能なこのような段階から、可能にさせる役事を巻き起こしていくことを望むのが、あなたの願いであることを知っておりますから、私たちはこれを克服して突破することのできる、あなたが誇り、あなたの愛を受けるに、正々堂々とした息子、娘となることを、心から望んでおります。

サタンとの闘いの最前線に立ったがゆえに、天の前に最大に協助を受ける立場に立ちましたので、敗北と勝利が交差する位置であることを知らなければなりません。

ここで敗れる立場に立つときは天の前にも怨讐《おんしゅう》となるという事実を思うときに、失ってはならない立場であることを知り、必ずや勝利の結果をもたらし、あなたの信じていたその基準を、越えなければならない各自の責任があるという事実を、はっきりと悟ることができる者とならしめてくださいますよう心よりお願い申し上げます。

（一九七二・一一・五）

三時代に輝ける勝利の条件を備えさせてください

誰が歴史を保障することができ、誰が時代に責任を負うことができ、誰が未来の一つの新しい関門を開き得るのかという問題をめぐって考えてみるとき、それはほかの誰でもない、この私がしなければならないということを感ずるのでございます。

「三時代のための責任」というこのとてつもない課題が、今日「私」一人を中心として前後・左右・上下に関係しているという事実を考えてみるとき、神様がおられるとするならば、私たちは神様を求めなければなりません。神様と関係を結ばなければなりません。

こんなとてつもない立場を任されているにもかかわらず、このとてつもない立場を守り切れなくなるならば、このすべての恵みが災いとなって私を打っていくという事実を知らなければなりません。

この立場がこの上なく祝福された立場であると同時に、この上なく恐ろしい立場であることを常に考えながら、毎日毎日、一生の方向の焦点を合わせていくことに、あらゆる努力を傾け、あらゆる精誠を尽くす群れとならなければならないことを知りました。

三時代を代表した立場で、生きてゆかなければならない私たちであり、私一人が誤れば霊界の道がふさがってしまい、歴史的な方向がふさがってしまい、それだけでなく過去のすべての道もふさがってしまうという事実を、私たちははっきり知らなければなりません。

私一人、歴史を代表した心情をもってお父様を慰労してさしあげ、時代を代表した心情をもって時代的な立場で寂しい目に遭われるお父様を慰労してさしあげ、未来に対する絶望と失望に包まれた状況にあっても、そのようなことを取り払ってさしあげなければなりません。

そうして過去に輝き、現実に輝き、未来に輝く息子、娘、お父様が愛するだけでなく、前に出して誇るのに正々堂々たる息子、娘として、すなわち三時代に輝ける勝利の条件を備えた息子、娘として残れるように祝福してくださいますようお願い申し上げます。

（一九七三・八・一）

本書は『父の祈り―文鮮明師の祈祷―』全十二巻・四百二十編の祈祷文の中から六十編を選び整理したものです。

文鮮明先生の祈祷

御《み》旨《むね》のなかの祈り

2008年8月1日　　初版発行
2023年9月20日　　初版第5刷発行

編集・発行　株式会社 光言社
〒150-0042 東京都渋谷区宇田川町37-18
電話　03(3467)3105
https://www.kogensha.jp

ISBN978-4-87656-332-6